AF423707

* 9 7 8 9 9 4 8 8 4 6 4 6 8 *

تريندز للبحوث والاستشارات
TRENDS RESEARCH & ADVISORY

# تحولات جماعة الإخوان المسلمين ..نظرة مستقبلية

د. عمرو الشوبكي

اتجاهات حول الإسلام السياسي (4)
أغسطس 2021

@ جميع حقوق النشر محفوظة

الطبعة الأولى 2021

Order No: MC-02-01-9147552

ISBN: 978-9948-846-46-8



@ مركز تريندز للبحوث والاستشارات
http://trendsresearch.org

# الفهرس

# ملخص تنفيذي

تنقسم هذه الدراسة إلى ثلاثة أقسام رئيسية ومقدمة وخاتمة؛ يناقش القسم الأول طبيعة التداخل بين الجماعة الدينية والفعل السياسي والطريقة التي أسست بها جماعة الإخوان المسلمين تنظيمها العقائدي، والذي اعتبر سر قوتها ومصدر ضعفها في الوقت نفسه. كما تضمن هذا القسم أيضاً تحليلاً لخطاب الجماعة في فترات التأسيس الأولى الرافض للحزبية، وكيف أنه اعتمد على برامج التربية الدينية أكثر من الاهتمام بالبرنامج السياسي التفصيلي، وعرض أبرز مفاهيم سيد قطب التي ظلت حاضرة داخل الجماعة.

أما القسم الثاني فعالج التحولات التي أصابت توجهات الجماعة في العقد الأخير من هذا القرن، وتحديداً عقب وصولهم للسلطة في مصر وفشلهم في حكم البلاد، ثم سقوطهم وإنهاء حكمهم في 3 يوليو 2013، وقد عالج هذا القسم أسباب هذا الفشل، وكيف أن البنية التنظيمية الدينية المغلقة التي اعتُبرت أحد أسباب قوة الجماعة تحولت إلى عامل رئيسي في رفض غالبية الناس لسلطتهم، واتضحت أزمة صيغة الإخوان القائمة على التمسك بجماعة دينية عقائدية مغلقة لديها ذراع أو حزب سياسي تابع هيكلياً للجماعة الدينية، وكيف قامت باتخاذ إجراءات ومواقف سياسية هي عكس المتعارف عليه في كل التجارب الانتقالية، كما عالج هذا القسم التناقضات في خطاب الإخوان، وكيف تم تركيب الشعارات الثورية التي رفعتها على بنية جماعة محافظة تبعاً لهدف الوصول أو البقاء في السلطة.

أما القسم الثالث فتطرق لقضايا المستقبل، سواء المتعلقة بحدود الحضور السياسي لجماعة الإخوان ومستقبله، وكذلك تحولات الخطاب السياسي لديهم، بالإضافة إلى رؤية مستقبل العنف والعلميات والإرهابية التي مارستها الجماعة طوال الفترة الماضية في مصر، وتضمنت الدراسة أخيراً خاتمة رصدت أهم النتائج المستخلصة وسيناريوهات المستقبل بالنسبة لجماعة الإخوان المسلمين.

# مقدمة

اقترب عمر جماعة الإخوان المسلمين من قرن من الزمان، فالجماعة التي أسسها حسن البنا عام 1928 في مدينة الإسماعيلية شهدت تحولات كثيرة، لم تؤدِّ أي منها إلى إعادة بناء وتأسيس التنظيم على أسس جديدة، أو إلى مراجعة خبرتها التاريخية وبنيتها الفكرية والعقائدية، وظل التنظيم هو "ركن المعبد"، حتى لو تحوَّر وأخذ أشكالاً مختلفة إلا أن مضمونه بقي واحداً.

إن فهم العلامات الرئيسية في رحلة جماعة الإخوان التي انتشرت في بلدان عربية وإسلامية عديدة، وتمتعت بقوة تنظيمية نسبية، وانتشار غير غالب في كثير من الأقطار، يؤكد أنها ظلت تعاني أزمات كثيرة، من الصعب فصلها عن الأساس التنظيمي والديني الذي قامت عليه الجماعة.

صحيح أن الجماعة قدمت في فترات مختلفة «أدبيات جديدة»، بعضها في عهد الرئيس محمد حسني مبارك، حين كان لها تمثيل في البرلمان وصل إلى 88 مقعداً في برلمان 2005، وبعضها الآخر صدر في أعقاب فشل تجربتهم في حكم مصر، لكن كل هذه الأدبيات عالجت قشوراً ولم تقترب من البنية التنظيمية والفكرية للجماعة بصورة تؤدي إلى إعادة تأسيسها وتفكيك الصيغة التنظيمية التي قامت عليها كجماعة دينية عقائدية.

والمؤكد أنه لا يمكن استشراف مستقبل جماعة الإخوان المسلمين دون فهم طبيعة بنيتها الفكرية وخصوصيتها التنظيمية، كما لا يمكن فهم مستقبلها بمعزل عن فهم التغيرات التي لحقت بها في أعقاب سقوط حكمها في مصر.

وسنحاول في هذه الدراسة مناقشة ثلاث زوايا في خطاب الجماعة وحدود تحولاتها ومستقبلها في ثلاث أقسام رئيسية:

الأول، يتعلق بالأساس الذي قام عليه خطاب الجماعة الدعوي والسياسي، وهنا لن نكتفي بتحليل مضمون هذا الخطاب، وإنما سنحاول من خلاله أن نفهم كيفية تشكيل "الإخوان" لمواقفهم السياسية. أما القسم الثاني فيتعلق بالتحول الذي أصاب توجهات الجماعة في العقد الأخير من

هـذا القـرن، وتحديـداً عقب فشـل حكمهـم في مصر. أما القسـم الثالـث فسـيعالج قضايا المسـتقبل وسـيناريوهاته، والشـكل الـذي أخذتـه الجماعـة أو يمكـن أن تأخـذه.

# أولاً: الجماعة الدينية والسياسة

أسـس الإخـوان بالأسـاس جماعـة دينيـة دعويـة عينهـا عـلى السـلطة والسياسـة، حتـى وإن ادعت العكـس وتحدثـت عـن الزهـد في السـلطة وعـن أهـداف دينيـة مثاليـة لنشـاطها الدعـوي، في حيـن أنها دخلـت في دهاليـز السياسـة، واصطدمـت بـكل النظـم الملكيـة والجمهوريـة في مـصر، وبقطاعـات واسـعة مـن المجتمـع.

والمؤكـد أن جماعـة دينيـة تمتلـك تنظيـماً متعـدد المسـتويات حيـن دخلـت المجـال السـياسي واعتبرت نفسـها جـزءاً مـن القواعـد الديمقراطيـة، فإنمـا دخلتـه بـشروط الجماعـة الدينيـة الدعويـة وهـو مـا انعكـس عـلى موقفهـا مـن جملـة مـن القضايـا السياسـية والمدنيـة، وأدى إلى أن يكـون فشـلها شـبه حتمـي عقـب وصولهـا للسـلطة في مـصر، ومـن أبـرز هـذه القضايـا مـا يـلي.

# 1. رفض الحزبية:

وصـل الإخـوان للسـلطة في مـصر عـبر آليـة ديمقراطيـة، وركـز خطابهـم المعـارض في مواجهـة كثـير مـن النظـم القائمـة، بمـا فيهـا النظـام المـصري، عـلى غيـاب الديمقراطيـة وعـلى أن إقصاءهـم تـم عـبر آليـة غـير ديمقراطيـة.

ويتضـح أن خطـاب الإخـوان ظـل مراوغـاً وفيـه كثـير مـن الغمـوض، بحيـث يمكـن إعـادة تكييفـه تبعـاً للظـروف والسـياق السـياسي، وأن التعدديـة الحزبيـة التـي هـي أسـاس النظـام الديمقراطي رفضهـا الإخـوان بشـكل قاطـع، وظلـوا طـوال عقـود طويلـة يرفضـون التحـول إلى حـزب سـياسي ويعدُّون ذلـك انتقاصـاً منهـم.

والحقيقـة أن موقـف الإخـوان مـن قضيـة الديمقراطيـة ظـل ملتبسـاً ومتحـوراً وغيـر أصيـل، وكثـيراً مـا أبـدى البعـض دهشـته مـن الأسـباب التـي أدت إلى بقائهـم لفـترات طويلـة محافظيـن عـلى بنائهـم التنظيمـي، وهـل هـذا يرجـع إلى كـون الإخـوان ظلـوا جماعـة دينيـة اجتماعيـة ذات ذراع سياسـية، وعليـه، فهـي ليسـت حزبـاً سياسـياً بالمعنى المتعـارف عليـه، وهـذا كان أحـد أسـباب حمايتهـا مـن الانقسـام في فـترات الهـدوء وعـدم المواجهـة.

لقـد قـدم الإخـوان المسـلمون في بدايـة دعوتهـم خطابـاً لم يعتمـد عـلى العمـل السـياسي بصيغتـه الديمقراطيـة أو الدسـتورية، وإنمـا ركـزوا عـلى الجوانـب التربويـة والدعويـة. والحقيقـة أن إرث الإخـوان كان رافضـاً للحزبيـة؛ فقـد أعلـن حسـن البنـا رفضـه لنظـام التعدديـة الحزبيـة، وتنديـده بأوضـاع الأحزاب المصريـة، حيـث قـال "يعتقـد الإخـوان أن هـذه الحزبيـة أفسـدت عـلى النـاس كل مرافـق حياتهـم، وعطلـت مصالحهـم، وأتلفـت أخلاقهـم، ومزقـت روابطهـم، وكان لهـا في حياتهـم العامـة والخاصـة أسـوأ الأثـر».

ويضيـف البنـا "أقـول لإخوانـنا مـن دعـاة الأحـزاب ورجالهـا إن اليـوم الـذي يسـتخدم فيـه الإخـوان المسـلمون لغـير فكرتهـم الإسـلامية البحتـة لم يجـيء بعـد ولـن يجـيء أبـداً، وإن الإخـوان لا يضمـرون لحـزب مـن الأحـزاب خصومـة أيـاً كان، ولكنهـم يعتقـدون أن مـصر لا يصلحهـا ولا ينقذهـا إلا أن تدخـل هـذه الأحـزاب كلهـا وتتألـف هيئـة وطنيـة عاملـة تقـود الأمـة إلى الفـوز وفـق تعاليـم القـرآن الكريـم».

ولم يكتـف الرجـل برفـض حـال الأحـزاب، وإنمـا أحـال موقفـه السـياسي مـن الحزبيـة إلى الديـن والإسـلام، واعتـبره لا يقـرُّ التعدديـة الحزبيـة، حيـث قـال «أعتقـد أيهـا السـادة أن الإسـلام، وهـو ديـن الوحـدة في كل شيء وهـو ديـن سـلامة الصـدور ونقـاء القلـوب والإخـاء الصحيـح والتعـاون الصـادق بـين بنـي الإنسـان جميعـاً فضـلاً عـن الأمـة الواحـدة والشـعب الواحـد، لا يقـر نظـام الحزبيـة، ولا يرضـاه».

والمؤكـد أن الملمـح الغالـب لنشـاط الإخـوان المسـلمين طـوال الفـترة الممتـدة مـن عـام 1928 وحتـى انـدلاع حـرب فلسطين عـام 1948 كان هـو النشـاط الدعـوي ذو الطابـع الاجتماعـي والدينـي، وكان البعـد السـياسي بالمعنـى الـذي شـاهدناه في عهـد الرئيـس مبـارك متراجعـاً أو مؤجـلاً في خطـاب الجماعـة وحركتهـا، وبصـورة غـير متناسـبة مـع حجمهـا وانتشـارها، حيـث غابـت عـن البرلمـان المصـري طـوال الفـترة شـبة الليبراليـة، ولم يكـن لهـا نائـب واحـد قبـل ثـورة يوليـو 1952.

وعـاد الإخـوان وانتقلـوا إلى المرحلـة الثانيـة، وهـي مرحلـة «العنـف والجمـود» الـذي مارسـه أعضـاء الجماعـة، وخاصـة أعضـاء التنظيـم الخـاص، حيـث قامـوا في هـذه المرحلـة باغتيـال رئيـس الـوزراء محمـود فهمـي النقـراشي، والقاضي أحمـد الخازنـدار، واسـتمرت هـذه المحـاولات حتـى قيـام ثـورة يوليـو بمحاولـة اغتيـال عبد الناصـر عـام 1954.

ومنـذ ذلـك التاريـخ خرج الإخـوان مـن معادلـة الشرعيـة ومعها معادلـة الدعوة والنشـاط الاجتماعـي، واسـتُبعدوا مـن السـاحة القانونيـة، وجـاء عصـر الرئيـس السـادات الـذي أفـرج عـن قيـادات الجماعـة، وإن بقيـت رافضـة التحـول إلى حـزب سيـاسي، وظلـت متمسـكة بالشـعارات العامـة ذات الطابـع الدينـي والاجتماعـي، وأحيانـاً السـياسي.

وقد أجاب المرشـد الثالـث للجماعـة عمـر التلمسـاني، رداً على سـؤال طرحتـه صحيفـة كنديـة حول تفسـير الإخـوان لسـماح الحكومـة بنشـر مجلـة الدعـوة - التـي هـي مجلـة حزبكـم - ومـع ذلـك ترفـض منحكـم الحـق في تشـكيل حـزب سياسي، قائـلاً: إن تفسـير حقيقـة هـذا الأمـر أصـلاً تُسـأل عنـه الحكومـة، ومجلـة الدعـوة بـدأت في الصـدور منـذ أوائـل الخمسـينات، أمـا أن الحكومـة لا تريـد إعـادة جماعـة الإخـوان المسـلمين إلى الوضـع القانونـي فكـما أسـلفت أن الإخـوان المسـلمين هيئـة إسـلامية وليسـت حزبـاً كباقـي الأحـزاب، نحـن نـدعو إلى الإسـلام للبنـاء والتصحيـح لا للهـدم والتجريـح، واهتمامنـا الأول والأخـير هـو إرضـاء اللـه، مهـما كانـت النتائـج التـي تترتـب علـى هـذا الإرضـاء.

## 2. الاحتماء بالعموميات.. قضايا الأقباط نموذجاً

حـرص الإخـوان طـوال فـترات الهـدوء وغيـاب المواجهـات مـع النظـم القائمـة علـى ألا يدخلـوا في أي تفاصيـل سياسـية أو أن يطرحـوا أي برنامـج متكامـل يعكـس فكرهـم الدينـي والعقائدي، وحرصـوا دائـماً علـى أن يحتمـوا بالعموميـات.

وعكـس الموقـف مـن الأقبـاط هـذا التوجـه؛ فقـد تمسـك الإخـوان بعموميـات لافتـة، وكتـب البنـا في إحـدى رسـائله تحـت عنـوان «الإسـلام يحمـي الأقليـات، ويصـون الحريـات»: «يظـن الناس أن التمسـك بالإسـلام، وجعلـه أساسـاً لنظـام الحيـاة، ينافي وجـود أقليـات غـير مسـلمة في الأمـة المسـلمة، وينافي الوَحـدة بـين عناصـر الأمـة، وهـي دعامـة قويـة مـن دعائـم النهـوض في هـذا العصـر، ولكـن الحـق غـير ذلـك تمامـاً، فـإن الإسـلام الـذي وضعـه الحكيـم الخبـير الـذي يعلـم ماضـي الأمـم وحاضرهـا ومسـتقبلها قـد احتـاط لتلـك العقبـة وذللها مـن قبـل، فلـم يصـدر دسـتوره المقـدس الحكيـم إلا وقـد اشـتمل علـى النـص الصريـح الـذي لا يحتمـل لبسـاً ولا غموضـاً في حمايـة الأقليـات، وهـل يريـد الناس أصرح

من هـذا النص: ﴿لَا يَنْهَاكُمُ اللَّهُ عَنِ الَّذِينَ لَمْ يُقَاتِلُوكُمْ فِي الدِّينِ وَلَمْ يُخْرِجُوكُمْ مِنْ دِيَارِكُمْ أَنْ تَبَرُّوهُمْ وَتُقْسِطُوا إِلَيْهِمْ إِنَّ اللَّهَ يُحِبُّ الْمُقْسِطِينَ﴾، سورة الممتحنة، الآية 8، فهذا نصٌّ لم يشتمل على الحماية فقط، بل أوصى بالبر والإحسان إليهم». وفي موضع آخر سئل البنا عن الجزية، قال إنها «أصبحت اليوم غير ذات موضوع، مادام كل المواطنين ينخرطون في الخدمة العسكرية ويدافعون عن الوطن سواء بسواء»، فيما يعني بأنها سقطت عنهم إذا اشتركوا مع المسلمين في القتال ضد أعداء الوطن.

هذا الخطاب حمال الأوجه الذي حافظ على العموميات وعدم التحديد انكشف حين طرح الإخوان برنامجاً سياسياً في عام 2007 أعلنوا فيه رفض ترشيح القبطي والمرأة لموقع رئيس الجمهورية، أي ما يعرف بالولاية العامة، ولم تستطع عموميات المرحلة السابقة أن تخفيها.

## 3. التربية الدينية بديل عن البرنامج السياسي

لم يمتلك الإخوان المسلمون برنامجاً مماثلاً لبرامج القوى السياسية الأخرى، وإنما كان لهم «برنامجهم الخاص» الذي احتلت فيه قضية تربية المواطن المسلم وفق التصور الخاص بالجماعة مساحة كبيرة في خطابهم الفكري ورسالتهم الدعوية والدينية.

وتميزت هذه الرؤية ببعدين رئيسيين؛ تمثل الأول في هذا الولاء المطلق للعام والكلي المستمد غالباً من تفسيرات الإخوان للنص الديني، والذي لم تُرِحْهُ كثيراً مناقشة قضايا سياسية مباشرة، أما البعد الثاني فقد حاول ملء هذا الفراغ، الذي نتج عن «الانسحاب» من الفعل السياسي المباشر والتفصيلي، بخطاب التربية والتنشئة الدينية لكادر الإخوان، في محاولة لإحلال هذا «النمط التربوي» محل النمط الآخر ـ الغائب لعقود طويلة ـ المتمثل في البرنامج السياسي التفصيلي، وخاصة ما يتعلق منه بقضايا الديمقراطية وطبيعة النظام السياسي المطلوب بناؤه، بعيداً عن الخطاب العام المتعلق بالإسلام الشامل الذي فيه جميع الحلول للمشكلات السياسية والاقتصادية والاجتماعية.

ونجح الإخوان في جعل عملية التفاعل الاجتماعي والديني الذي يضمنها «برنامج التربية» بين أعضاء الجماعة، عنصر جذب واستقطاب للعناصر الجديدة، وذلك بديلاً عن البرنامج السياسي الحزبي، وإن كانت قد أثارت معضلات أخرى في الممارسة العملية.

وقد رحب حسن البنا بـ «انصراف رجال الدعوة من الإخوان إلى ميدان مثمر منتج، هو ميدان تربية الأمة، وتنبيه الشعب، وتغيير العرف العام، وتزكية النفوس، وتطهير الأرواح، وإذاعة مبادئ الحق والجهاد والعمل والفضيلة بين الناس، وأعتقد أنهم نجحوا في ذلك إلى مدى يحمدون الله عليه، ويسألونه المزيد منه، فقد أصبح للإخوان المسلمين دار في كل مكان، ودعوة على كل لسان، وأكثر من ثلاثمئة شعبة تعمل للفكرة وتقود إلى الخير، وأصبح في مصر شعور إسلامي قوي يأمل الجميع في ثمراته».

ولعل هذا الولاء للخطاب الكلي وبرنامج التنشئة والتربية الاجتماعية، اللذين تبلورا في خطاب الجماعة جاءا منسجمين مع تبني الجماعة مفهوم التوسع الكمي في عضويتها، والابتعاد عن أي صدام مباشر مع السلطة طوال العقدين الذين أعقبا تأسيسها في عام 1928؛ ما أسقط بشكل تلقائي اهتمامها بتأسيس حزب سياسي أو الدخول في مواجهة سياسية مع الأحزاب الأخرى تقوم على تباين البرامج والأفكار السياسية. فالخطاب «اليقيني» والكلي مثّل إغراءً كبيراً لقطاع واسع من الجمهور كي ينخرطوا في الجماعة على قاعدة «السمع والطاعة» للمرشد العام، وغياب البرنامج السياسي مثل بدوره محاولة لتلافي الخلاف حول التفاصيل، وبالتالي ضمان انضمام أكبر قدر ممكن من الأعضاء على قاعدة «خطاب التربية الدينية» والدعوية الذي لو تم التعرض فيه لتفاصيل، فهي في النهاية تفاصيل داخل الحيز الاجتماعي والأخلاقي الذي لا يثير خلافات حادة مثل نظيره السياسي.

وعمل "الإخوان" على أن يحل هذا الدور محل دور البرنامج السياسي الغائب أو الباهت، فاهتموا بأدق تفاصيل عملية التربية بمعناها السابق، وأصبحت في حد ذاتها تمثل إغراءً لانضمام كثير من العناصر الجديدة داخل الإخوان.

## 4. الحضور القطبي

مثلت مقولات سيد قطب ومفاهيمه العقائدية ضلعاً مهماً في بنية جماعة الإخوان المسلمين، وقد استمر معها حتى الآن، ومع تبنيه مفاهيم العزلة والجاهلية والتمييز والمفاضلة، فقد كان

طبيعياً أن ينحو بالحركة إلى التصادم مع المجتمع والانعزال عنه، بدلاً من تطويره وإنمائه.

وقد نظر قطب إلى الإسلام نظرة ثابتة لا تتغير؛ فنصوصه وأحكامه غير قابلة للمساس، حتى لو تغيرت الظروف الاجتماعية والسياسية المحيطة بها، وحتى لو اجتهد العقل ـ ولو في إطار هذه النصوص - من أجل صياغة أو تعديل بعض هذه الأحكام في ضوء تغيرات العصر الجديد.

وبنى قطب نظرته الثابتة هذه على ضوء فهمه لقضية التوحيد في الرسالات الدينية، حيث بدا التوحيد في الخطاب القطبي كعنصر داعم للسكون وعدم التغيير، وهذا على عكس كثير من التصورات الدينية الأخرى التي جاءت على خلفية التوحيد ولكنها تبنت رؤى متحركة وغير نصية للأحكام الدينية، وأيضاً متفاعلة مع الواقع الاجتماعي السياسي.

ومثلت تلك النظرة السكونية لقضية التوحيد عند قطب أساساً صلباً انعكس بشكل واضح على فهمه لما أسماه «بالتصور الإسلامي» الذي حدد مقوماته في أنه «غير قابل للتعديل وغير قابل للتطوير؛ لأنه بذلك يأخذ ملامحه المستقلة التي جاء ليطبعها في الضمير البشري، وليقيم عليها منهجه الواقعي ونظامه العلمي، وليحول بها خط سير التاريخ الإنساني، وليعلن بها ميلاد الإنسان الجديد».

ودعم قطب نظرته السكونية للنصوص الإسلامية برؤية سكونية أيضاً للطبيعة الإنسانية، فالنفس الإنسانية عند قطب لديها «أصول ثابتة على الرغم من جميع الأوضاع والأشكال المتغيرة، وأن حكاية التطور المطلق في كل شيء هي حكاية مختلقة لتثبيت مذهب خاص أو لإنشاء هذا المذهب أصلاً، وليست حقيقة علمية، كما يريد الموجِّهون العالميون لأجهزة التوجيه والإعلام من العصبة الصهيونية أن يوهموا الناس».

فالتصور الإسلامي بالنسبة له جاء مكملاً ومطابقاً للفطرة البشرية السوية، أما الإسلام فهو ليس ديناً من أديان يختار الإنسان من بينها واحداً منها، وإنما هو الدين ... الدين الواحد الذي يرضاه الله للناس ويرضاه من الناس، ولا يرضى لهم ديناً غيره، ولا يرضى منهم ديناً سواه.

ولم ينظر قطب إلى التصور الإسلامي بشكل جزئي، وإنما نظر إليه بشكل كلي باعتبار أن «جماله يتمثل في كماله»؛ وهو الأمر الذي جعل هناك استحالة أن يهتم قطب ومعه الإخوان بأي حديث عن الممارسة السياسية الديمقراطية والعمل السياسي من أساسه، كما أن الإيمان بهذا المكوِّن العقائدي لديه جعل خطاب التربية الدينية المرن والفضفاض يتحول إلى بنية إقصائية لا تقبل الآخر، سواء كان النظام القائم أو أطياف المجتمع المختلفة التي لا تنتمي إلى جماعة الإخوان، وهو ما جعل أحد الباحثين يصل إلى نتيجة مفادها أن الناصرية والقطبية يتعارضان منطقياً، والتعارض هنا يعني النفي المتبادل؛ أي أن حضور الواحد منهما يؤدي بالضرورة إلى انتفاء الثاني، وبالتالي إلى غيابه الضمني أو الصريح.

هذا الصدام على أرضية النفي المتبادل بين المشروعين القطبي والناصري انعكس بشكل مباشر على مكونات الخطاب القطبي وأولوياته؛ فقد اتضح حجم الحنق الشديد الذي حمله سيد قطب على النظام الناصري، كما كان لعزلته وعزلة تنظيم الإخوان المسلمين عن الجماهير في تلك الفترة دور كبير في عدم فهمه طبيعة هذا النظام، وبالتالي غياب تفهمه ـ أو أخذه في الاعتبار ـ شعبية هذا النظام وقدرته على عزل خصومه السياسيين بوسائل أخرى غير المواجهة الأمنية أو بجانبها.

## 5. تنظيم متعدد المستويات

حرص "الإخوان" أن يشيدوا تنظيمهم على أسس مركبة، ضمت مستويات متعددة، لكل منها برنامج خاص في التثقيف الديني والعقائدي، بحيث اختلفوا بهذا التنظيم بصورة واضحة عن باقي التنظيمات السياسية والجماعات الدينية الأخرى، واتضحت معالمه في ثلاثة أشكال.

وقد بدا ذلك بوضوح في **مستويات التنظيم**، حيث حرص الإخوان على أن تتم عملية التجنيد على أكثر من مستوى، وهو ما ذكره حسن البنا بشكل واضح، حين أشار في كتابه "مذكرات الدعوة والداعية" إلى ضرورة أن تُعنَى المكاتب والهيئات الرئيسية لدوائر الإخوان بتربية الأعضاء تربية نفسية صالحة تتفق مع مبادئهم؛ وتحقيقاً لهذه الغاية يكون الانضمام لعضوية الإخوان على ثلاث درجات:

أ. **الانضمام العـام**، وهـو مـن حـق كل مسـلم توافـق عـلى قبولـه إدارة الدائـرة، ويعلـن استعداده للصـلاح، ويوقع اسـتمارة التعـارف، ويسـمى **"أخـاً مسـاعداً"**.

ب. **الانضمـام الأخـوي**، وهـو مـن حـق كل مسـلم توافـق عـلى قبولـه إدارة الدائـرة، وواجباتـه ـ فضلاً عـن الواجبـات السـابقة ـ «حفـظ العقيـدة»، والتعهـد بالطاعـة، ويسـمى الأخ في هـذه المرتبـة **"أخـاً منتسـباً"**.

ج. **الانضمـام العمـلي**، وهـو مـن حـق كل مسـلم توافـق إدارة الدائـرة عـلى قبولـه، وتكون واجبـات الأخ فيـه ـ فضلاً عـن الواجبـات السـابقة ـ إعطـاء البيانـات الكافيـة المطلوبـة عـن شـخصه، ودراسـة شرح عقيـدة الإخـوان، وحضـور مجالـس القـرآن الأسـبوعية، ومجالـس الدائـرة، والتـزام التحـدث باللغـة العربيـة الفصحـى بقـدر المسـتطاع، والعمـل عـلى تثقيـف نفسـه في الشـؤون الاجتماعيـة العامـة، وليـس السياسـية، والاجتهـاد في حفـظ أربعـين حديثـاً نبويـاً، ويسـمى الأخ في هـذه الدرجـة مـن درجـات الانضـمام **"أخـاً عاملاً"**.

وهنـاك درجـة رابعـة أصر البنا عـلى ألا يضعهـا مـع الدرجـات السـابقة، وبصـورة لا تخلـو مـن دلالـة، وهـي التـي أسـماها درجـة **الانضمـام الجهـادي**: وهـي ليسـت عامـة بـل هـي مـن حـق الأخ العامـل الـذي يثبـت لمكتب الإرشـاد محافظتـه عـلى واجباتـه السـابقة، أمـا واجبـات هـذا الأخ في هـذه المرتبـة ـ فضـلاً عـما سـبق ـ فهـي: تحـرّي السُـنّة النبويـة، والصـلاة في الليـل، والعـزوف عـن مظاهـر المتـع الفانيـة، والبعـد عـما هـو غـير إسلامي في العبـادات والمعامـلات، والاشـتراك المـالي في مكتـب الإرشـاد وصنـدوق الدعـوة، والوصيـة بجـزء مـن تركتـه لجماعـة الإخـوان، والأمـر بالمعـروف والنهـي عـن المنكـر، وحمـل المصحـف ليذكـره بواجبـه نحـو القـرآن، وأخـيراً الاسـتعداد لقضـاء مـدة التربيـة الخاصـة بمكتب الإرشـاد، ويسـمى الأخ في هـذه المرتبـة **"مجاهـداً"**.

وقـد بـدا هـذا التنـوع في مسـتويات التجنيـد داخـل الإخـوان أنـه ذو دلالـة؛ فالفـارق يبـدو هائلاً بـين تكويـن «الأخ المسـاعد» و«الأخ العامـل» مـن جهـة، وبـين نظـيره «الجهـادي» مـن جهـة أخـرى، حتـى وإن أعلـن الاثنـان ولاءهـما لتنظيـم واحـد يرفـع شـعار السـلمية.

والمؤكد أن هـذه المسـتويات التـي أنشئت في عهـد حسـن البنـا اسـتمرت إلى الآن، مـع بعض التغيـرات الطفيفـة؛ فقـد ظلـت الجماعـة محتفظـة ببرامـج التنشـئة الاجتماعيـة والدينيـة المتعـددة المسـتويات، وهو الأمـر الـذي جعل هنـاك دائمـاً عـدم دقـة في تقدير أعـداد أعضاء الجماعـة، فكـرر البعـض أرقامـاً مليونيـة، خالطـاً بـين الأعضـاء المسـاعدين أو المحبين للجماعة وبـين الأعضـاء العاملـين الذيـن (قُـدِّرَ عددهـم بمـا بـين 80 إلى 100 ألـف عضو في نهايـات عهـد مبـارك)، أمـا الأعضـاء المحبون فقـدروا بنحـو خمسـة ملايـين شـخص، وهـو رقـم قريـب ممـن صوتـوا لمحمـد مـرسي بالجولـة الأولى مـن انتخابـات الرئاسـة في عـام 2012، أي المتعاطفين مـع الجماعـة، وأغلبهـم لم يوقـع عـلى اسـتمارة التعـارف، كـما كان يجري في ثلاثينـات وأربعينـات القرن المـاضي، وإنمـا كانـوا ينفـذون تكليفـات محـددة مـن الأعضـاء التنظيميين؛ كالذهاب مثلاً لانتخاب مرشـح إخـواني، واعتبـار ذلـك جهـاداً في سـبيل الله.

## ثانياً: التحول الكبير: فشل حكم "الإخوان"

عـرف الإخـوان ثباتـاً «اسـتراتيجياً» في تمسكهم بالتنظيـم والجماعـة الدينيـة، وعرفوا تحولات في الشـكل والتكتيـك تبعـاً للسـياق السـياسي، دون أن يمـس ذلك ثباتهـم التنظيمـي، وقد سـيطر الخطاب الدعوي عـلى توجهـات الجماعـة الدينيـة في الفتـرة مـن عـام 1928 وحتى حـرب فلسطين عـام 1948، واستمر بصـور أقل وضوحـاً في العقـود التاليـة، وحتـى تاريـخ سـقوطهم في 2013.

وقـد شـكل وصـول الإخـوان كجماعـة دينيـة للسـلطة في مصر انتقـالاً من مرحلة «الاستضعاف والحضـور السـياسي»، التـي عرفوهـا طـوال حكـم الرئيـس مبـارك، إلى مرحلة التمكين؛ فسـعت إلى السـيطرة عـلى مؤسسـات الدولـة المصريـة ومحاولـة أَخْوَنَتِهَا، كـما تغـير تعاطي الجماعـة مـع خصومهـا السياسـيين وحلفائها، ومارسـت توجهـاً إقصائيـاً، سـواء في لجنة إعداد الدسـتور التـي شـكلها برلمـان 2011 ذو الأغلبيـة التـي تنتمـي لجماعـة الإخـوان المسـلمين، أو تجـاه التيـارات والقـوى المدنيـة، أو حتـى تجـاه حـزب النور السـلفي، الـذي انتقـل مـن دعـم الإخـوان إلى معارضتهـم.

# 1. لماذا فشل الإخوان؟

فشل الإخوان في حكم مصر لسببين رئيسين؛ الأول، يتعلق ببنية الجماعة العقائدية والتي تقوم على ما اعتبرته شمولاً دينياً ربط بشكل بنيوي بين الجانب الديني الدعوي وبين الجانب السياسي والحزبي، بما يعني أن حزب الحرية والعدالة الذي تأسس في أعقاب ثورة 25 يناير 2011 كان مجرد ذراع للجماعة الدينية؛ بما يعني أن اختياراته لم تكن نتاج رؤية مدنية سياسية، وإنما نتاج بنية عقائدية دينية تحكمت في كل مقولاته السياسية.

أما السبب الثاني فيتعلق بخيارات الجماعة منذ تراجعها عن قرار عدم تقديم مرشح في انتخابات الرئاسة وفوز مرشحها محمد مرسي بنسبة تجاوزت 51%، وقد اختارت منذ حصولها على أغلبية غير مطلقة في برلمان 2011 الخيارات السياسية الأسوأ، التي تضعها في خصومة مع مؤسسات الدولة والمجتمع، وأضرت حتى بمصالحها.

## أ- حين تصبح عناصر القوة عوامل ضعف:

نقطة الانطلاق التي يتفرع منها كثير من خيارات جماعة الإخوان المسلمين ترجع إلى أنها جماعة دينية عقائدية (جماعة ربانية كما تصف نفسها) تعتبر أن الانضمام إليها جهاد في سبيل الله، وأن أعضاءها في مرتبة أعلى مقارنة بباقي أفراد المجتمع.

وتختلف خصوصية البنية التنظيمية لجماعة الإخوان المسلمين جذرياً عن باقي الجماعات الدينية والأحزاب السياسية، فهذا التنظيم المحكم والمغلق والمتعدد المستويات والممتد في عشرات الدول جعل للجماعة وضعاً خاصاً «فوق قومي» لا يرتاح للدولة الوطنية، بل ويستهدفها في أحيان كثيرة بأدوات تختلف من سياق إلى آخر، كما أن الأخيرة فقدت الثقة بهذه الجماعة منذ عقود، نتيجة هذه الوضعية المغلقة والعابرة للحدود.

وقد اعتبر سيد قطب تعدد المستويات التنظيمية للجماعة، والبنية المغلقة التي تقوم على أساس الولاء المطلق والثقة المطلقة بالقيادة، «مظهر العبقرية الضخمة في بناء الجماعات ويجعل نظام الجماعة عقيدة تعمل في داخل النفس قبل أن تكون تعليمات وأوامر ونظماً».

والحقيقـة أن اقتنـاع عضـو الإخوان المسـلمين بـأن مجـرد انتمائـه للجماعة «جهـاد في سـبيل الله»، وأن الحفـاظ علـى هـذه الجماعة هـو هـدف وغايـة في حد ذاته، تحـول بعـد وصولـه إلى السـلطة إلى عنصر ضعـف؛ لأنـه أصبح عامـل انغـلاق، وعزلـه عن باقـي أفـراد المجتمـع، وتحـول خـلال فتـرة وجيـزة إلى عامـل رئيسـي في رفض قطاع واسـع مـن المصريـين لهذا التنظيم، الـذي حول الرابطـة التنظيميـة والتربيـة الدينيـة لـدى الجماعـة إلى شـعور بالتمايـز والتفـوق علـى الآخريـن.

هـذه البنيـة التنظيميـة القويـة لجماعـة الإخـوان كانـت أيضاً مصـدر ضعفها؛ فبقـدر ما سـاعدتها في أن تكـون أكبـر قـوة منظمـة في مـصر، فإنهـا بثـت أيضاً طاقـة رفـض لـدى غالبيـة مـن بقـي خـارج بنيتهـا التنظيميـة، بسـبب انغـلاق أعضائهـا على أنفسـهم وعـلى الجماعة.

والحقيقـة أن عـدم مراجعـة الإخـوان لبنيتهـم العقائديـة كان في جانبـين أساسـيين: الأول، الحفـاظ علـى التنظيـم، والثـاني التمسـك بمـشروع التمكين بعـد وصولهـم للسـلطة. أمـا علـى مسـتوى الخطـاب فقـد أجـروا تحـولات جزئيـة حسـب الموقـف والمصلحـة، فقبـل أن يصلـوا للحكـم تحدثـوا عـن التـدرج في الإصـلاح، ورفـض الثـورة، ودعـوة المجتمـع للالتـزام بتعاليـم الديـن، واعتبـروا قيادات الحـزب الوطني رمـوزاً وطنيـة، وبعـد أن وصلـوا إلى السـلطة تحولـوا إلى «ثـوار أحـرار»، وأعطـوا لأنفسـهم حصانـة ثوريـة ودينيـة، وأيـدوا إقصـاء قيـادات الحـزب الوطنـي، بتشـريع صـدر عـن البرلمـان الـذي سـيطروا عليـه في 2012.

لقد خـسرت جماعـة الإخـوان المسـلمين على مـدار أكثـر مـن 90 عامـاً كل معاركها السياسـية والدينيـة مـع النظـم المختلفـة، دون أن تقـدم تجربـة نقديـة واحـدة، والغريـب أنهـا خـسرت معاركها وهـي في المعارضـة في مواجهـة الدولـة المَلَكِيَّـة ودولـة عبـد النـاصر والسـادات ومبـارك، وحـين لاحـت لهـا فرصـة استثنائية ووصلـت للسـلطة بعـد ثـورة التحقـت بهـا ولم تصنعهـا، خـسرت معركتهـا أيضاً.

ولاشـك في أن الخلـل يكمـن في صيغـة الجماعـة نفسـها وفي بنيتهـا العقائديـة والتنظيميـة التـي أنتجـت مـا يشـبه الدولـة الموازيـة: عَلَـمٌ إخـواني في مواجهـة عَلَـم الدولـة، وكيـان إخـواني خدمـي في مواجهـة خدمـات الدولـة، وعزلـة شـعورية تضـع عضـو الإخـوان في قوقعـة عقائديـة وثقافيـة منفصلـة عـن المجتمـع، في مواجهـة وطنيـة مصريـة تلقائيـة تمسّـك بهـا أغلـب الشـعب المـصري.

والمؤكـد أن التنظيـم القـوي المحكـم المتعـدد المسـتويات حافـظ عـلى تماسـك الجماعـة في سـنوات الهـدوء، وأظهـر الإخـوان وجهـاً منفتحـاً تجـاه القـوى السياسـية الأخـرى بمـا فيهـا النظـام الحاكـم. لكـن، مـع تغـير الظـروف وتعـرض البـلاد لحالـة مـن السـيولة أظهـر الإخـوان وجهـاً آخـر هـو مـشروع التمكيـن الـذي هـو نتـاج طبيعـي للتنظيـم الدينـي، وهـو مـا دفـع باقـي مكونـات المجتمـع ومؤسسـات الدولـة إلى لفظهـم.

وإذا كانـت هنـاك صعوبـات وتحديـات كثـيرة في دمـج الأحـزاب المدنيـة ذات المرجعيـة الإسـلامية في العمليـة السياسـية، فـإن تنظيـماً دينيـاً مثـل جماعـة الإخـوان المسـلمين يسـتحيل دمجـه في هـذه العمليـة، وهـو مـا ينسـحب عـلى تنظيـمات سـنية وشيعية أخـرى؛ مثـل حركـة طالبـان، وحـزب الله وغيرهـما، التـي تخـوض غـمار السياسـة كتنظيـمات دينيـة وليـس وفـق قواعـد الدولـة المدنيـة.

## ب- السير عكس الاتجاه:

المقصـود بالسـير عكـس الاتجـاه أن جماعـة الإخـوان المسـلمين قامـت بممارسـات سياسـية عـبرت عـن فهـم «معكـوس» لطبيعـة السـياق السـياسي الـذي تحركـت فيـه عقـب ثـورة 25 ينايـر؛ فهـي مجـرد جماعـة دينيـة محافظـة ركبـت الموجـه الثوريـة، وأرادت أن تحكـم مبـاشرة وتسـيطر عـلى مؤسسـات الدولـة رغـم أنهـا ظلـت عـلى مـدار 85 عامـاً جماعـة خـارج السـلطة ترتـاب فيهـا مؤسسـات الدولـة وتعتبرهـا جماعـة مارقـة، فضـلاً عـن أن هنـاك قطاعـاً واسـعاً مـن معارضيهـا كان عـلى اسـتعداد أن يقبـل حكـم أي نظـام سـياسي مهـما يكـن إلا حكـم الإخـوان.

وقـد تمثلـت الخطـوة الأولى في طريـق فشـل حكـم الإخـوان في تصورهـم أن النجـاح في بنـاء تنظيـم قـوى وآلـة انتخابيـة ذات كفـاءة يكفـي لإدارة الدولـة ومؤسسـاتها، وأن تفاعـل الجماعـة مـع المجتمـع والنقابـات والبرلمـان كقـوة معارضـة يكفـي لنجاحهـا في إدارة الدولـة، وأن مهـارات الهـروب مـن الأجهـزة الأمنيـة تكفـي لإدارة شـؤون البـلاد وتقديـم رؤى إصلاحيـة حقيقيـة للتعامـل مـع مؤسسـاتها.

وعـلى الرغـم مـن تصاعـد الـدور السـياسي للجماعـة خـلال السـنوات العـشر التـي سـبقت الثـورة، فإنـه مـن السـهولة ملاحظـة تواضـع الأداء السـياسي لكوادرهـا بعـد الثـورة؛ وهـذا نتيجـة لحالـة التداخـل بين

أدوارهـا المتنوعـة. فالجماعـة في الأسـاس دعويـة تربويـة تظل السياسـة بالنسـبة لهـا موسـمية، ونتيجـة لذلك كان يتـم تطويـع أي مشـكلة سياسـية والتعامـل معهـا مـن منظـور قيمـي، ويعـاد إنتاجهـا في قالـب دينـي بـدلاً مـن التعامـل معهـا برؤيـة سياسـية تقـوم بشـرحها وتحليلهـا؛ أي أن التعامـل كان بمنطـق العمـل المعتـاد مـع المجتمـع، وليـس منطـق إدارة دولـة؛ لـذا كان طبيعيـاً أن يحـدث نـوع مـن الصدمـة نتيجـة حجـم المسـؤوليات والتحديـات.

لقـد دخـل الإخـوان في مواجهـات مـع مؤسسـات الدولـة؛ فبـدؤوا بمواجهـة السـلطة القضائيـة وشـككوا في نزاهتهـا، رغـم أنهـا هـي التـي أوصلتهـم إلى سـدة الرئاسـة، وكتبـوا دسـتوراً صادمـاً لقطـاع واسـع مـن المصريـين، وأصـدر محمـد مـرسي إعلانـاً دسـتورياً في نوفمبر 2012 أعطـى لـه صلاحيـات اسـتثنائية، وفتـح البـاب لجماعتـه لكي تسـيطر عـلى مؤسسـات الدولـة، وجعلها في مواجهـة مفتوحة مـع السـلطة القضائيـة ومـع وزارة الداخليـة التـي فشـل في إصلاحهـا وإعـادتها للعمـل بصـورة طبيعيـة، حيـث أصـر الخطـاب الإخـواني عـلى النظـر إليهـا وفـق نظريـة المؤامـرة نتيجـة الفشـل في وضـع «كـود مهنـي» قـادر عـلى إصـلاح الـوزارة، وبـدلاً مـن ذلـك تقديـم «كـود انتقامـي وانتقائـي» يضعـف مـن أدائهـا.

واللافـت أن جماعـة الإخـوان المسـلمين ظلـت خـارج دائـرة الحكـم والإدارة حتـى في الفـترات التـي كانـت تتمتـع فيهـا بشـرعية قانونيـة، حيـث ظلـت دوائـر الحكـم والمؤسسـات الأمنيـة والعسـكرية وفريـق كبـير مـن القـوى السياسـية والمجتمـع وقطـاع واسـع مـن المسـيحيين المصريـين، يرتابـون في الجماعـة عـلى مـدار أكـثر مـن نصـف القـرن، باعتبارهـا خطـراً عـلى الدولـة والنظـام.

وحـين تمتلـك جماعـة تراثـاً عمـره نحـو 85 عامـاً خـارج دائـرة الحكـم وخـارج دائـرة العمـل الحـزبي، فهـل يعقـل بعـد سـتة أشـهر مـن وصولهـا للسـلطة أن تركـز كل جهودهـا في مواجهـة الآخريـن مـن مؤسسـات دولـة إلى المجتمـع؟! النتيجـة كانـت فشـلاً مدويـاً.

وقـد تحـدث الكثيرون مـن إسـلاميين خـارج الإخـوان وليبراليـين ويسـاريين مـن كل الاتجاهـات عـن فشـل حكومـة الإخـوان التـي تشـكلت بمـصر في عـام 2012 برئاسـة هشـام قنديـل، وضعـف أدائهـا وسـيطرة الإخـوان وأنصارهـم عـلى معظـم حقائبهـا، وطالبـوا منـذ أن اندلعـت أحـداث العنـف في مدينـة بورسـعيد وسـقط عـلى أثرهـا 22 قتيـلاً بإقالـة الحكومـة، مثـلما جـرى في تونـس عقـب اغتيـال المناضـل اليسـاري شـكري بلعيـد.

والفـارق بـين التجربتـين كان صارخـاً؛ ففـي تونس اسـتقال رئيس الحكومـة الأسبق حـمادي الجبيل، وأعلـن تحملـه المسـؤولية عـما جـرى في تونس عقـب اغتيـال بلعيـد، وتم تشـكيل حكومـة جديـدة تضم عـدداً أكـبر مـن المسـتقلين والكفـاءات لم يقبلهـا الشارع التونسي، ودفعـت المظاهـرات حكـم الترويـكا الـذي قادتـه حركـه النهضة إلى تغيير حكومـة الجبيل بأخرى ضمت المستقلين والكفـاءات، في حين قـام الإخـوان بتعديـل وزاري ضم مزيـداً مـن الـوزراء والمحافظين الذيـن ينتمـون للإخـوان.

وإذا كانت ثنائيـة "الجماعـة التـي تحكم والحزب الـذي ينفـذ" هـي أحـد أسـباب فشـل الإخـوان وأي جماعـة دينيـة في الحكـم، فـإن هنـاك تكتيـكات سياسـية خاطئـة تعامـل بهـا الإخـوان وأدت إلى هـذا الفشـل، إذ إن جـزءاً مـن أزمـة حكـم الجماعـة كان عجزهـا عـن إدارة التنـوع المجتمعـي، فبـدلاً مـن الانفتـاح عـلى القـوى المدنيـة عامـة والإسـلامية خاصة نجـد أن التنظيـم انغلـق عـلى نفسـه واستعدى أغلـب المكونـات السياسـية إسلامية ومدنية.

والحقيقـة أن حسـابات الإخـوان قامـت عـلى عـدم القيـام بـأي شراكـة مـع المعارضـة، عـلى اعتبـار أنهـا منقسـمة عـلى نفسـها، ومجـرد صـوت احتجاجـي غير قـادر عـلى العمل المنظـم أو تقديـم البديـل، وأن الصـوت الاحتجاجـي لـن يسـتطيع أن يسـقط بمفـرده النظـام السـياسي، إلا بتدخـل الجيـش، وهـو مـا كانـت تتصـور- واهمـة - أنـه سـيقف عـلى الحيـاد حتـى تدخـل البـلاد في اقتتـال أهـلي.

واعتـبر الإخـوان أن ضعـف البنيـة التنظيميـة لأحـزاب المعارضـة والقـوى الاحتجاجيـة يجعلهـا غـير حريصـة عـلى ضـم أي وزراء مـن أحزابهـا؛ لأنهـا حتـى لـو شـاركت في الـوزارة فإنهـا لـن تكـون قـادرة عـلى ضبـط قواعدهـا وشـبابها الذيـن سـيحتجون عـلى وزرائهـم كـما يفعلـون مـع قـادة أحزابهـم، وبالتـالي فـإن مشـاركتهم مثـل عدمهـا مـن زاويـة التأثـير عـلى الصـوت الاحتجاجـي؛ لأنـه سيسـتمر في جميـع الأحـوال.

وقـد نظـرت جماعـة الإخـوان عـلى مـدار حكمهـا إلى المعارضـة عـلى أنهـا مجـرد حالـة احتجاجيـة، سـواء تمـت الاسـتجابة لمطالبهـا أم لا، كـما اعتبرت شباب هـذه المعارضة في حالة احتجاج دائـم، ومـن ثم رأت الجماعـة عـدم وجـود أي فائـدة مـن الاسـتجابة ولـو جزئيـاً لمطالـب هـذه المعارضة.

لقد قامت حسابات الإخوان على أن المعارضة ضعيفة واحتجاجية، واعتقدت أن هناك ثمناً (يمكن تحمله) ستدفعه الجماعة في سبيل تحقيقها لهدفها في السيطرة على الحكم، ومن ثم عليها ألا تلتفت لاحتجاجات المعارضة، وتمرد شبابها من أجل أن تحقق هذا الهدف، «فالجماعة الربانية» (كما تصف نفسها) هي دائماً على الطريق الصحيح، حتى وإن خسرت جانباً من شعبيتها وتعرضت لهجوم الكثيرين.

إن تبني الإخوان خيار إقصاء المعارضين في المواقع القيادية داخل البرلمان وفي الحكومة، بحجة ضعف المعارضة وانقسامها وانقسامها هو أمر يعكس عدم فهم لإدارة العملية السياسية في المرحلة الانتقالية؛ لأن الصوت الاحتجاجي كان بالتأكيد سيتراجع داخل المجتمع في حال أجرى الإخوان الحد الأدنى من التوافق السياسي.

## 2. جماعة محافظة توظف الخطاب الثوري:

بدا لافتاً لكثيرين كيف تحول خطاب الإخوان عقب اندلاع ثورة 25 يناير من خطاب محافظ يستند بشكل أساسي على كتابات حسن البنا في رفض الثورة والتغيير الثوري، إلى جماعة ثورية تطالب بتطبيق محاكم ثورية ضد نظام مبارك ورموزه وقيادات حزبه (الوطني الديمقراطي).

لقد أشار حسن البنا أكثر من مرة إلى رفض الثورة، وأكد أن «الثورة لا يفكر الإخوان المسلمون فيها، ولا يعتمدون عليها، ولا يؤمنون بنفعها ونتائجها». لكن بالتوازي مع رفض الثورة آمن الإخوان بمفهوم «القوة» واعتبروه من أسس دعوتهم. فقد طرح البنا سؤالاً لم يجب عنه مباشرة، حين قال: هل يعزم الإخوان أن يستخدموا القوة في تحقيق أغراضهم والوصول إليها؟ لم يجب الرجل عن هذا السؤال مباشرة، لكنه قال: إن القوة شعار الإسلام في كل نظمه وتشريعاته، فالقرآن ينادي بوضوح وجلاء بها حين قال ﴿وَأَعِدُّوا لَهُمْ مَا اسْتَطَعْتُمْ مِنْ قُوَّةٍ وَمِنْ رِبَاطِ الْخَيْلِ تُرْهِبُونَ بِهِ عَدُوَّ اللَّهِ وَعَدُوَّكُمْ...﴾ الأنفال: 60، فماذا تريد من إنسان يتبع هذا الدين إلا أن يكون قوياً في كل شيء.. شعاره القوة في كل شيء؟ فالإخوان المسلمون لابد أن يكونوا أقوياء ولابد أن يعملوا في قوة.

**ويمكن القول إن مسألة القوة ظلت مصاحبة للنشاط الدعوي السلمي للجماعة بحيث تعطيها وقت الحاجة مبرراً لاستخدام العنف، تحت مظلة «القوة».**

واللافت أن الموقف «غير الأصيل» لجماعة الإخوان المسلمين من الثورة جعلها تتحرك تجاهها مثل «البندول» تبعاً للمصلحة ولوضعها من السلطة، حيث عادت بعد أن حصلت على أغلبية في برلمان 2011 وبعد انتخاب محمد مرسي رئيساً للجمهورية، وتبنت خطاب الاستقرار والمطالبة بوقف الفعاليات والتظاهرات الثورية، ثم عادت وتبنت خطاباً انتقامياً في قالب ثوري عقب سقوط حكمها في 2013 .

والمدهش أن جماعة الإخوان المسلمين التي استخدمت طوال حكم مبارك خطاباً إصلاحياً، وأعلن مرشدها محمد بديع في ذلك الوقت أكثر من مرة أنه يتمنى أن يتلقى الرئيس مبارك، وأنهم دعاة إصلاح وليسوا دعاة ثورة - هذه الجماعة التي جاءت مشاركتها متأخرة في ثورة 25 يناير، سارعت عقب تنحي مبارك عن السلطة إلى قيادة فعاليات ثورية ومارست ضغوطاً سياسية وتحريضية، من أجل «سجن مبارك» تحت غطاء تطبيق أهداف الثورة.

وفي هذا الصدد دعت الجماعة الشباب إلى التظاهر بميدان التحرير للمطالبة بإقالة النائب العام المستشار عبدالمجيد محمود؛ بسبب علاقته بكثير من المسؤولين السابقين، وعلى رأسهم الرئيس حسني مبارك، كما دعت إلى مظاهرات مليونية من أجل سرعة إيداع مبارك وعائلته داخل أسوار السجن، وأن يحاكَم ويُعرَض على المحكمة محبوساً، بل إن الجماعة هددت في إبريل عام 2011 بمظاهرة مليونية بمدينة شرم الشيخ حيث كان يقيم مبارك إن لم يستجب لمطالب الثوار.

كذلك طالبت الجماعة في مظاهرات حاشدة بعدم ترشح مدير المخابرات المصرية الراحل عمر سليمان على اعتبار إنه كان جزءاً من النظام القديم، ورفضوا ترشح من وصفوهم بـ«الفلول»، مرددين شعارات مناهضة لترشح عمر سليمان وأحمد شفيق للانتخابات الرئاسية. وانتقد مرشح الإخوان المسلمين «الأصلي» خيرت الشاطر (قبل إلغاء ترشيحه من قبل اللجنة العليا للانتخابات) عودة عمر سليمان واعتبرها محاولة لـ«سرقة الثورة» وهدد بالخروج إلى الشارع مع أنصاره.

وقد جرت هـذه التظاهـرات في أعقاب موافقة مجلس الشعب المصري عـلى تعديل تشريعي يحرم مـن الحقـوق السياسية ومنها الانتخاب والترشح «كل مـن عمل خـلال السـنوات العشر السـابقة على فبراير 2011 رئيساً للجمهورية أو نائباً لرئيس الجمهورية أو رئيساً للوزراء أو رئيساً للحـزب الوطني الديمقراطـي المنحـل أو أمينـاً عامـاً لـه أو كان عضواً بمكتبـه السياسي أو أمانتـه العامـة وذلك لمـدة السـنوات العشر ابتداء مـن التاريخ المشار إليه».

وقـد تجـلى اسـتخدام «الإخـوان» الخطـاب الثـوري في مواقـف أخـرى، مـن بينهـا جلسـة مجلس الشـعب التـي كانـت في 11 إبريـل 2011، والتـي رفـض فيها بعـض نـواب التيار المدني مقترحـات إنشاء المحاكم الثورية والعزل السـياسي، إذ ضغط الإخوان الذيـن تعاملـوا بانتهازية آنذاك، لتمرير هـذه المقترحـات بغـرض التخلص مـن قيادات الحـزب الوطني المنافسـة لهـم في أي انتخابـات برلمانية.

كـما اسـتخدم الإخـوان مفـردات اسـتخدمتها قوى أخـرى، كانـوا كثيراً مـا ينتقدوها، حيث وصف محمد مـرسي، رئيـس حـزب الحرية والعدالـة في يوليو 2011، المطالبين بتأجيل الانتخابـات البرلمانيـة التي كانت مقـررة آنـذاك، بأنهـم يسـعون لتحقيـق مصالح إسـرائيلية وأمريكيـة، وضرب الاسـتقرار في البلاد. وأضاف في موقع آخـر، أن جماعتـه مسـتعدة للخروج للميادين في مليونيـات يومية لـو لـزم الأمـر، إذا لم يتـم الاسـتجابة لمطالـب عـزل فلـول مبارك عـن صدارة المشـهد السـياسي بعـد ثورة الشـعب المصري، مشيراً إلى أنه «لـن نسـمح لشرذمة مـن الفاسـدين للسـيطرة عـلى مقاليد الأمـور».

لقـد اكتشـف الإخـوان «ثوريتهـم» لحظـة الصراع عـلى السـلطة، فقـد حاولـوا بـكل الطـرق إقصـاء منافسـيهم في الانتخابـات البرلمانيـة والرئاسـية تحـت دعـاوى أنهـم كانـوا جزءاً مـن النظـام القديم، في حيـن أن أغلـب هـؤلاء كانـوا ينتمـون لوجـه آخـر مـن القـوى المحافظـة، ويرفضـون فكـرة الثـورة والتغييـرات الثوريـة، وكثير منهم كانـت لـه رؤى إصلاحيـة طـوال عهـد مبارك.

والمؤكـد أن تجـارب التغيير الناجحـة في النصـف الأخير مـن القرن الماضي هـي التـي عرفت مسـاراً إصلاحيـاً اسـتوعب الجميع، إلا مـن تورطـوا في جرائـم جنائيـة فقط، وابتعد عـن المحاكمات الثوريـة، التـي تبـدأ بالخصـوم وتنتهـي برفـاق التيار الواحـد ومـن يسـمون «الثـوار»، وسـعى لإصلاح مؤسسـات الدولـة لا إسـقاطها أو السـيطرة عليهـا، كـما سـعى الإخـوان.

انكسار مشروع جماعة الإخوان المسلمين في مصر كانت له تداعيات كثيرة على أفرع الجماعة المختلفة في أكثر من بلد عربي، بدأت بإعلان بعض التنظيمات أنها ليست جزءاً أو فرعاً من الجماعة، أو بقيام بعضها بتغيير اسمها إلى اسم آخر لا يشير إلى كونها تنتمي إلى "الإخوان المسلمين" أو أي تيار إسلامي، إذ غيرت جماعة الإخوان المسلمين في ليبيا على سبيل المثال اسمها وأصبحت "الإحياء والتجديد"، كذلك حذفت حركة حماس من وثيقة المبادئ والسياسات العامة التي أصدرتها في مايو 2017، أحد البنود التي تشير إلى أنها فرع من جماعة الإخوان المسلمين.

كما أن الخلافات التي عرفتها الجماعة بين ما اصطلح على تسميتهم بالإصلاحيين والمحافظين، أي بين هؤلاء الذين خاضوا انتخابات البرلمان والنقابات المهنية طوال عهد الرئيس مبارك وبين آخرين لم يمارسوا أي نشاط خارج بنية الجماعة، اختفت تقريباً وتحولت الجماعة إلى صقور مارس بعضهم الإرهاب، وحرض البعض الآخر عليه، وبنى خطاباً تحريضياً روج له في قالب ثوري. وقد أعاد الإخوان إنتاج المفردات الثورية، ولكن في قالب انتقامي عقب سقوط حكمهم في 2013، وروجوا لخطاب يدافع عن ثورة 25 يناير ويطالب بالعودة لمبادئها، وكأنهم أحد صانعيها.

## 1. البناء الداخلي والحضور السياسي:

أسفر سقوط حكم جماعة الإخوان المسلمين في مصر عن تغيرات هيكلية في بنية الجماعة، فقد عرفت انقساماً على مستوى الأجيال، وتكرست خلافات عميقة بين شباب الجماعة والقيادة، كما حوصر نشاط التنظيم في مصر، وأصبح تقريباً معطلاً عن الفعل والعمل المنظم منذ 2016، وحتى الجماعات المسلحة التي خرجت من رحم الجماعة قضت الأجهزة الأمنية عليها، كما ظهر «إخوان المهجر» الذين ذهبوا إلى عواصم أجنبية، وخاصة تركيا، وروجوا لدعايتهم عبر القنوات الفضائية التي تبث من هناك أو على مواقع التواصل الاجتماعي، وأخيراً شهدت الجماعة كيانات تنظيمية جديدة؛ مثل ما عرف باسم جبهة المكتب العام لجماعة الإخوان المسلمين، والذي

تشكل في مواجهة ما يُعرف إعلاميا بجبهة القيادات التاريخية، بعد الخلاف الذي شهدته الجماعة عقب تشكيل اللجنة الإدارية العليا الثانية التي تشكلت في فبراير 2014 لتسيير الأعمال بدل مكتب الإرشاد، واعترض عليها كثيرون.

وقد قام المكتب العام بإطلاق العديد من التصريحات والبيانات التي رفضتها اللجنة الإدارية، ولم تكن محل توافق داخل الجماعة؛ فقد أعلن مثلاً "عدم منافسته على السلطة أو الحكم في مرحلة ما بعد نظام الرئيس الحالي عبد الفتاح السيسي»، وأكد على ضرورة «التفريق بين العمل السياسي العام وبين المنافسة الحزبية الضيقة على السلطة»، حيث سيعمل الإخوان كتيار وطني عام ذي خلفية إسلامية داعم للأمة ويمارس الحياة السياسية في إطارها العام، ويدعم كل الفصائل الوطنية التي تتقاطع مع رؤيته في نهضة الوطن.

وخلافاً للموقف الرسمي للجماعة برفض انضمام أفراد منها لأي أحزاب أخرى، بخلاف حزب الحرية والعدالة الذي أسسه الإخوان المسلمون بعد ثورة 25 يناير، أعلن المكتب العام أنه يسمح للأعضاء والمتخصصين والعلماء من أبناء الجماعة بالانخراط في العمل السياسي من خلال الانتشار مع الأحزاب والحركات التي تتقاطع مع رؤيتهم لنهضة الأمة.

وبالرغم من أن هذه المقولات بدت مختلفة عن مقولات الجماعة التقليدية، فإن الجوهر ظل واحداً؛ لأنه نتاج «مدخلات» جماعة دعوية دينية وليس حزباً سياسياً مدنياً، وهو التعامل بشكل حتمي على نهاية الحكم الحالي؛ لأسباب لها علاقة بقناعات عقائدية بأنه أخذ السلطة من جماعة دينية على صواب دائماً، وليس لأخطاء الجماعة أو رفض غالبية المصريين لها أو أي أسباب سياسية أخرى تتعلق بالأداء والإدارة السياسية؛ ولذلك سنجد أنها أسقطت تماماً موقف غالبية المصريين في رفض حكم الإخوان؛ لأنه يمثل إدانة (غير واردة) لحكم الجماعة التي تنظر إلى نفسها على أنها «ربانية».

ويكفي هنا الإشارة إلى ما ذكره الباحث حازم قنديل في حوار معه، عن قناعة الإخوان بأنه بعد عملهم على المجتمع لفترة طويلة، فإن الله قد قرّر أن يكافئهم بالنهاية، وأن يتوّج نضالهم الذي استمرّ لثمانية عقود ونصف، لقد اعتقدوا أن الله صنع الثورة لأجلهم (حيث قال المرشد العام للإخوان إن «الله صنع

هـذه الثورة»)، وما قضـاه الله لا يمكن لبشـر أن يحلـه. ورأوا محاولـة إزالة مرسي علـى أنه اختبـار أخير مـن الله، فـ«مـن الواضح أننا لـن يطاح بنا مـن السـلطة، أمّـا هـؤلاء الذيـن هـم مشفقون علينا لتفوقهـم عـدداً وتسـليحاً علينا فسـنثبت لهـم أنهم لا يزالـون يحسـبون الأشـياء مـن بعد مـادي لا روحـي".

ويضيـف قنديـل أنـه «بالنسـبة إلى الإخـوان، كان هـذا اختبـاراً إيمانيـاً. وأنهـم يؤمنـون بأفئدتهـم أن معجـزة إلهيـة كانـت علـى وشك الحـدوث لهـم في صدفةٍ تاريخيـة لا تُصـدَّق، حيـث تزامـن الاعتصام في "رابعة" مـع شـهر رمضـان المبـارك، وهـو الشـهر الـذي شـهد معظـم الانتصارات الحربيـة المبكـرة للمسـلمين، كـما أنـه الشـهر الـذي حدثـت خلالـه معجـزة (نـزول القـرآن). لذلك يمكننا تخيـل فقط مـا يجـري في هـذه العقليـة لأربعيـن يومـاً؛ حيـث اليقظـة المسـتمرة، وصيـام كل الأيـام، والصـلاة طـوال الليـل، والإنصـات لـكل هـذه البشـائر والـرؤى المباركـة التـي تُبـث مـن المنصـة المركزيـة».

والمؤكـد أن النتيجـة العمليـة علـى الأرض كانـت عكـس كل هـذه القناعـات الدينيـة للجماعـة، والتـي صاحبتهـا قبـل وأثنـاء وبعـد السـلطة، وهـي تصـورات لا علاقـة لها بالواقـع ولا بتوازنـات القـوى ولا بـأي مفاهيـم سياسـية حديثـة، ونتيجتهـا كانـت مؤلمـة للجميع.

أمـا علـى المسـتوى السـياسي، فقـد كـرر المكتـب العـام نفـس جوهـر خطـاب قـادة الجماعـة حـول «نهايـة الانقلاب» و«الانقلاب يترنـح» وغيرهـا مـن المفـردات التـي لم يكـن لهـا أي صـدى في الواقـع المـصري إلا في أوسـاط الجماعـة والمتعاطفيـن معهـا، وتجاهلـت الجماعـة منـذ 2013 الدعـم الشـعبي الكبيـر الـذي نالـه تدخـل الجيـش في 3 يوليو 2013 مـن غالبيـة المصرييـن لإنهـاء حكم الإخـوان، وهـو مـا تجاهلـه الإخـوان طـوال الوقت وتعاملـوا معـه علـى «أنـه انقـلاب علـى الشـرعية»، وأشـار المكتـب العـام إلى أن هنـاك ثلاثـة أشـكال للتغييـر: إمـا النضـال الدسـتوري أو الثـوري أو العسـكري، وأكـد أن «الحكـم العسـكري في مـصر وتكويـن المجتمـع المـصري ونخبتـه السياسـية والاتجـاه الشـعبي العـام لا يتناسـب معـه إلا الخيـار الثـوري الشـامل والتغييـر الكلـي لمنظومـة الحكـم».

والمؤكـد أن تمسك الإخـوان، سـواء قيادتهـا الحاليـة أو مكتبهـا العـام، بمـا أسـموه الخيـار الثـوري عكـس أزمـة عميقـة في مفاهيـم «إخـوان مـا بعـد مـرسي» فهنـاك مـؤشرات قويـة علـى أن غالبيـة الشـعب المـصري لم تعـد تميـل للخيـارات الثوريـة، وتكـرار المشـاهد نفسـها التـي عرفتهـا البـلاد في أعقـاب ثورة

25 ينايـر، كـما أنهـم كجماعـة دينيـة بعيـدة تمامـاً عـن الأدبيـات الثوريـة، وتحـاول فقـط أن توظفها لصالـح عودتها للسـلطة؛ لأنها تعلـم أن الخيـار الإصلاحـي الـذي يـراه كثير مـن المصريين ويطالبـون بـه لا يُعـدّ الإخـوان جـزءاً منه.

يقينـاً مـازال هنـاك حضـور سـياسي «لإخـوان المهجـر» خاصـة أن الخطـاب الـذي يروجـون لـه ليـس هو خطـاب الإخـوان التقليـدي القائـم أساسـاً عـلى الدعـوة الدينيـة في ثلاثينـات القـرن الماضي، أو إصـلاح النظـام كـما جـرى أثنـاء وجودهـم في برلمـاني 2000 و2005، وإنمـا هـو خطـاب «رد الفعـل» في مواجهـة مـا جـرى في 2013، حيـث حضـرت مفـردات الانتقـام الثـوري والتحريـض السـياسي، وغـاب تمامـاً خطـاب الدعـوة والإصـلاح، واستعادت الجماعـة «الضلـع الخفـي» في بنائهـا التنظيمـي القائـم عـلى «القـوة» و"الإعـداد للعنـف" دون أن تمتلـك أي قـوة تنظيميـة متماسـكة قـادرة عـلى أن تفرضها عـلى جميـع أعضائهـا، وإنمـا تركـت الأمـر لاجتهـادات الأعضـاء؛ فمـارس بعضهـم العنـف بشـكل فـردي أو عـن طريق خلايا منعزلـة أو عـن طريـق تنظيـمات صغـيرة مثـل "حسـم" و"العقـاب الثـوري" اللتين خرجتـا مـن الجماعـة ومارسـتا عنفـاً وإرهابـاً.

## 2. الانتقام في قالب ثوري:

يركـز خطـاب جماعـة الإخوان المسـلمين منـذ عـام 2014 عـلى الانتقـام مـن السـلطة القائمـة والشـماتة في إخفاقـات، وغلفـت الجماعـة هـذا الخطـاب بمقـولات وشـعارات ثوريـة ليـس لهـا علاقـة بأدبيات حسـن البنـا المناهضـة للثـورة ولا بخطـاب الجماعـة طـوال مرحلـة الرئيـس الأسـبق حسـني مبـارك، التي تحدثـت فيهـا عـن الإصلاح المتـدرج.

والمعـروف أن الجماعـة شـاركت بشـكل محـدود ورمـزي في بعـض الوقفـات الاحتجاجيـة التـي دعـت لهـا قـوى معارضـة أثنـاء حكـم مبـارك، وغابـت تمامـاً عـن الانتفاضـات الكبرى، سـواء تلـك التي عرفتها مصـر في عهـد الرئيـس السـادات في عـام 1977 فيـما عرفـت بانتفاضـة الخبـز، او انتفاضـة المحلـة التـي دعت لهـا جماعـة 6 إبريـل في 2008، ولكنهـا شـاركت في ثـورة 25 ينايـر عقـب اندلاعهـا.

ومع ذلك، فقد تبنت الجماعة بعد خروجها من السلطة خطاباً ثورياً عنيفاً يدعو لإسقاط النظام، واعتبرت نفسها وكأنها «صاحبة يناير»، فتحدثت عن ضرورة استعادة مسار الثورة وغيرها من المفردات التي اعتبر كثيرون أنها تخلت عنها منذ اليوم الأول لتنحي مبارك، حين تصورت أنها تمكنت من السلطة.

ولذلك بدا غريباً ما كررته الجماعة عبر مواقعها وفي تصريحات قادتها في الخارج، بأنها في القلب من «النخبة الوطنية والطليعة الثورية في مصر»، كما أنها طالبت المجتمع الدولي، بالتدخل وفرض الرقابة الأممية على الممارسات التي تنتهجها السلطة.

واللافت أن أحد القيادات المحافظة والقطبية داخل الإخوان وهو محمود عزت (القائم بأعمال المرشد) الذي اعتقل في أغسطس 2020، والذي لم يمارس في حياته أي نشاط اجتماعي أو سياسي خارج تنظيم الجماعة، كان قد أطلق تصريحاً في إبريل 2016 قال فيه: "نعاهد الله وكل القوى الثورية والوطنية والتي نحن جزء منها على استمرار النضال السلمي الثوري، والذي هو استمرار لنضالنا الدستوري، حتى تتحقق أهداف الثورة كاملة غير منقوصة».

ويمكن القول إجمالاً أن الجماعة ستظل واقعة في هذا التناقض بالحديث عن «النضال الثوري والدستوري»؛ فمن ناحية لا يوجد أي رابط بينهما، ومن ناحية أخرى فإن الإخوان لم يعترفوا بدستور 2014 الحالي واعتبروه «دستور الانقلاب".

## 3. الانتقام في قالب عنيف:

من غير المتوقع أن تتراجع جماعة الإخوان المسلمين عن ممارسة كل صور التحريض، بما فيها خلق بيئة حاضنة للعنف والعمليات الإرهابية. وقد قام عدد من أعضاء الجماعة بتأسيس تنظيمات صغيرة؛ مثل حركة سواعد مصر (حسم)، والعقاب الثوري التي ضمت عناصر إخوانية ومارست عمليات إرهابية، وقد تلقت ضربات أمنية كثيفة أنهت وجودها في السنوات الأخيرة.

وقـد وضعـت هـذه التنظيـمات عملياتهـا الإرهابيـة في قالـب انتقـام ثـوري، ووصـف أحـد قاتهـا هـذا التوجـه الجديـد بالقـول بأنهـم «أعـادوا التفكيـر في طبيعـة الـصراع القائـم وأدواتـه ومسـاراته وطريقـة إدارتـه، بعـد فشـل الجماعـة في مواجهتهـا الأولى مـع الانقلاب العسـكري بين يوليـو 2013 و25 ينايـر 2014».

وبحلـول هـذا الوقت، تحولـت جماعـة الإخوان تدريجيـاً مـن الاعتصامـات والمسـيرات المحليـة إلى مـا أطلقـوا عليـه «الحـراك الثـوري»، لكـن أبعـاد هـذا الحـراك لم تكـن واضحـة ولهـذا خضعـت للأهـواء والتفسـيرات الفرديـة. وشـهدت الجماعـة في نقاشـها الداخـلي ارتباكـاً حـول طبيعـة «الحـراك» واسـتخدم البعـض تعبـير «العمليـات النوعيـة المتقدمـة» في وصـف نشـاط مجموعـات العنف الجديـدة، وتعنـي لـه «اسـتهداف شـخصيات معينـة في الشرطـة والقضـاء». ولم يعـد العنـف بالنسـبة لهـم في هـذه الحالـة يتوقـف عنـد مـا هـو «دون الأرواح» كـما أعلنـت الجماعـة قبـل فـض اعتصام رابعـة في القاهـرة، وإنـما أن تكـون هـذه الشـخصيات «ارتكبـت أفعـالاً تسـتوجب القصـاص منهـا». مثـل النائـب العـام هشـام بـركات الـذي نجـح أعضـاء الجماعـة في اغتيالـه في يونيـو 2015.

في هـذا الإطـار اسـتخدم يحيـى مـوسى، أحـد قيـادات جماعـة الإخوان المسـلمين، والمقيـم في تركيـا حاليـاً وكان متحدثـاً باسـم وزيـر الصحـة في أثـناء حكـم الجماعـة – اسـتخدم خطابـاً سياسـياً انتقاميـاً وليـس دينيـاً، حـين قـال في يوليـو 2017 «صـار حقـاً للشـعب أن يسـترد سـيادته وإرادتـه المهـدرة وإزاحـة ورد أي معتـدٍّ يمنعـه مـن ذلـك»، وأصبحـت «القـوة مشروعـة بكافـة أشـكالها».

لكـن يحيـى لا يكتفـي بحـل السـؤال الأخلاقـي فيـما يتعلـق بمشروعيـة الإرهـاب (يسـميه القـوة كـما كان كتب حسـن البنـا في رسـائله التـي أشرنـا إليهـا سـابقا)، إنـما هنـاك أيضًـا سـؤال سـياسي، وهـو «تقديـر وقت وكيفيـة وحجـم» اسـتخدام هـذا العنـف الـذي يخضـع لقـراءة المشـهد السـياسي وتقديراتـه، بحسـب رؤيتـه.

وعـلى خـلاف تنظيـمات التطـرف العنيـف الأخـرى؛ مثـل التكفـير والهجـرة، والجهـاد، والقاعـدة وداعش، فـلا توجـد أهميـة لسـؤال كُفـر الحاكـم أو إسـلامه، إنـما كـما قـال أحـد المدانـين باغتيـال النائـب العـام المـصري هشـام بـركات، «لـما نسـتهدف شـخص نسـتهدفه عـن أفعالـه وليـس عقيدتـه»، المهـم أن «يكـون فيـه أدلـة عـلى أن هـذا الشـخص المسـتهدف قتـل أو شـارك في فـض رابعـة».

وقد ضمت حركة حسم المصنفة إرهابية، مصرياً ودولياً، عناصر شبابية إخوانية قررت حمل السلاح وممارسة العنف والإرهاب، واعتبرت النظام القائم عدواً واحتلالاً، وأصدرت تسعة بيانات سمتها بالبيانات العسكرية (ولم تستخدم وصف غزوة كما تفعل داعش في عملياتها الإرهابية)، وهي كلها وصف لعمليات إرهابية جرت خارج سيناء، كما لا يوجد على موقعها قسم للتفسيرات الفقهية أو الشرعية كما اعتادت مواقع الإخوان أن تفعل.

والحقيقة أن إرهاب كل من "حسم" و"داعش" يتشابهان في الحرص الشديد على الجانب الإعلامي والتسويقي وعنصر الإبهار والتخويف حاضر بقوة في دعاية التنظيمين، حتى أصبحنا أمام تنظيمات تحركها بالأساس سياسة دعائية وإعلامية أكثر منها رسالة دينية عقائدية (ولو بعيدة عن صحيح الدين). كما أن خطاب "حسم" سياسي وانتقامي ليس فيه بعد فقهي ولا ديني إلا من حيث الشكل، وإبراء الذمة، من خلال آية قرآنية في المتن أو في المقدمة والخاتمة أما المضمون فكله عبارة عن مفردات انتقامية تبرر الإرهاب والعنف.

ويمكن القول إجمالاً إن الأجهزة الأمنية في مصر نجحت في القضاء على تنظيمات العنف والإرهاب الإخوانية مثل "حسم" و"العقاب الثوري"؛ لأن كثيراً من عناصرها كان معروفاً لديها، حيث كانوا أعضاء في جماعة الإخوان المسلمين، وبالتالي فإن قدرتها على تجنيد عناصر جديدة ظلت محدودة (ومكشوفة)، كما أن كثيراً من أعضائها لم يعرف منظومة التربية العقائدية الخشنة التي عرفها تنظيما "القاعدة" و"داعش"، فكثيرٌ منهم ينتمي للطبقة الوسطى المدنية في مصر؛ الأمر الذي سهل القضاء عليهم.

لقد فشل الإخوان في عمل حراك ثوري يسقطون به النظام كما روجوا، كما فشلوا أيضاً في إحداث «إرهاب ثوري» يخلخلون به الوضع القائم، وتم القضاء على كل تنظيمات العنف الإخوانية التي رفعت السلاح، وبقيت لهم ورقة أخيرة مازالوا يرفعونها وهي تبنِّي خطاب حقوقي وديمقراطي يبتعد عن المفردات الإخوانية التقليدية، كمحاولة لتحقيق اختراقات في الداخل والخارج.

## 4. الورقة الديمقراطية والحقوقية:

رفعت جماعة الإخوان المسلمين شعارات حقوقية في معركتها مع أكثر من نظام عربي، وخاصة في مصر، وحاولت أن تقدم نفسها تارة كأنها جماعة سلمية ضحية بطش النظم القائمة، وتارة أخرى كجماعة ثورية تسعى لتخليص الشعوب من ظلم الحكام.

واعتبر الإخوان أنهم يتعرضون لحملة متواصلة من الانتقام السياسي، بالاعتقال وتلفيق القضايا، وأنهم يقدمون تضحيات غالية من أرواح أبنائها في سبيل حرية مصر وتحرير شعبها، ولا يمكن للجماعة أن تتخلى عن قيمها الإسلامية ومبادئها الثابتة في الدفاع عن الحريات، ورفض انتهاك حقوق أي إنسان مهما كان توجهه، حتى وإن كان يخالفها الرأي.

ودعا الإخوان المسلمون الثوار الأحرار إلى "الوقوف صفاً واحداً والتحلي بأخلاق الحوار الراقي"، وأكدت الجماعة تضامنها مع كل ضحايا "الانقلاب" من التوجهات كافة، وطالبت بـ «وقف ما يتعرضون له من انتهاكات داخل السجون والمعتقلات وخارجها».

جاء ذلك رغم أنهم لم ينادوا قط بالحوار، ولم يتضامنوا مع أي ضحايا خلال فترة حكمهم، فحين وصل «الإخوان» إلى الحكم، وبعد أن أصدر محمد مرسي «إعلاناً دستورياً» وأعطى نفسه صلاحيات مطلقة، اعتدى الإخوان على العشرات من شباب التيار المدني الذين تظاهروا أمام قصر الاتحادية وغيره من الأماكن، وقد تولدت آنذاك قناعة لدى قطاع غالب من النخب السياسية ورجالات الدولة أن مشروع الإخوان في الحكم لن يسمح بتداول السلطة، وإنما هو مشروع أبدي للتمكين من السلطة.

## 5. التغيرات الإقليمية:

التغيرات التي شهدتها المنطقة العربية في السنوات الأخيرة ليست إجمالاً في صالح الإخوان، وتبقى تركيا هي الداعم الرئيس لمشروع الجماعة، مادام الرئيس رجب طيب أردوغان باقياً في السلطة، وهو أمر لم يعد مضموناً، وخاصة أنه في الحكم منذ 20 عاماً.

والحقيقة أن العالم العربي شهد عدداً من التحركات الشعبية أسفرت عن تغييرات في أكثر من بلد عربي؛ فقد أسفرت الانتفاضة الشعبية التي شهدتها السودان عن سقوط «نظام إخواني» قادة الرئيس البشير على مدار 30 عاماً، بكل ما يمثله ذلك من تأثير سلبي على مشروع الإخوان ودعايتهم.

كما يلاحظ أن التجارب الأخرى، مثل الجزائر وتونس والمغرب، أصبحت أحزابها ذات المرجعية الإسلامية تتنكر لكونها تنتمي لتيار الإخوان، بما فيها حركة النهضة في تونس ومجتمع السلم في الجزائر اللتان انتمى كثير من قادتهما للإخوان المسلمين، وأعلنت كلها أنها أحزاب مدنية ولا علاقة لها بالإخوان المسلمين.

سيبقى الحليف الداعم لمشروع الإخوان في المنطقة هو حزب العدالة والتنمية الذي يقوده الرئيس التركي رجب طيب أردوغان، وهو دعم مرتهن ببقاء الأخير في السلطة، وهو أمر غير مضمون مع اقتراب الانتخابات الرئاسية، وأيضاً بسبب طول فترة بقائه في الحكم وانقسام الشعب التركي حول سياساته.

وعلى الساحة الدولية لم تصنف أمريكا والدول الغربية الإخوان كجماعة إرهابية، ولكنها في الوقت نفسه لم تبد تعاطفاً كبيراً معها، إلا فيما يتعلق ببعض القضايا الحقوقية التي لعبت المنظمات الدولية دوراً أكبر بكثير من الحكومات الغربية في إثارتها، مثلما ما جرى مع بعض الأحكام القضائية.

ويمكن القول إجمالاً إن الدعم الغربي الواضح والمباشر عادة ما يكون لنشطاء حقوق الإنسان ومؤسسات المجتمع المدني، مقارنة بعناصر التنظيمات الدينية بشكل عام والإخوان بشكل خاص، وهو ما اتضح في أكثر من قضية شهيرة في مصر.

وحتى التعاطف مع القضية الفلسطينية الذي تزايد عقب الاعتداء الإسرائيلي على قطاع غزة لم تنل حركة "حماس" كحركة وكمشروع سياسي أي تعاطف يذكر لدى الرأي العام الغربي، الذي تظاهر جانب منه دفاعاً عن حق الشعب الفلسطيني في بناء دولته وتعاطف مع الأطفال

والضحايا المدنيين، واعتبر الانتفاضة المدنية لعرب إسرائيل والانتفاضة الشعبية في الضفة الغربية هما الصور الأكثر تعبيراً عن قضية الشعب الفلسطيني.

وإجمالاً يمكن القول إن الواقع العربي لم يعد يحمل نفس القدر من التعاطف الذي حمله البعض تجاه الإخوان المسلمين باعتبارهم «لم يجربوا» وضحايا النظم القائمة، ومقولة أن "مصر طبقت الاشتراكية والرأسمالية وفشلت، وحان وقت تطبيق الإسلام والحكم الإسلامي" - هذه المقولة لم تعد تحمل نفس البريق، حيث اتضح منذ 2013 فشل تجربة الإخوان «الإسلامية» في الحكم والمعارضة.

أما على المستوى الدولي فلم يحقق الإخوان أي اختراق يذكر في صفوف النخب الحاكمة، وظلت بلدان أوروبية كبرى، مثل فرنسا ترفض جذرياً مشروعهم الديني والسياسي، فيما تفاعلت دول أخرى بحذر معهم وفق مدخل حقوقي أساساً في حين ظل الدعم الإقليمي الوحيد الذي تمتعوا به من قبل الرئيس التركي أردوغان.

# الخاتمة

في خاتمة هذه الدراسة من المهم النظر إلى مستقبل جماعة الإخوان المسلمين على ضوء السياق السياسي والاجتماعي الذي يمكن أن تتحرك في إطاره الجماعة، فهي جزء من أزمة التنظيمات الدينية التي اقتحمت المجال السياسي سعياً للوصول إلى السلطة، وهي قضية ستظل تشغل بال المجتمعات العربية والعالمية لفترة قادمة من الزمن.

## ويصبح من المهم في خاتمة هذه الورقة الإشارة إلى النقاط التالية:

- ستستمر جماعة الإخوان المسلمين في تبني المفردات الثورية وتوظيف ورقة الديمقراطية وحقوق الإنسان لصالح أجندتها، وستقدم جانباً كبيراً من رؤيتها متخفية في مقولات ذات طابع مدني وديمقراطي وحقوقي.

- إن تراجع تنظيمات العنف الإخوانية عن ممارستها الإرهابية يرجع أساساً إلى هزيمتها في معركتها مع الدولة المصرية، وحصارها وتفكيك منابعها وليس نتيجة مراجعة سياسية أو تنظيمية، كما فعل قادة تنظيمي الجهاد والجماعة الإسلامية، فحتى اللحظة لم تقدم الجماعة على أي مراجعة تنظيمية أو سياسية لكل تجاربها منذ تأسيسها وحتى الآن.

- خسرت جماعة الإخوان المسلمين كل معاركها مع السلطة المصرية سواء المَلَكية أو الجمهورية، ومع ذلك ظلت موجودة ولديها القدرة على الاستمرار وإعادة إنتاج خطابها وتنظيمها مرة أخرى، وهو أمر يحتاج إلى تأمل وقناعة بأن مواجهتها لن تكون فقط بالأدوات الأمنية، كما أنها لن تكون أساساً فقهية (على اعتبار أنها جماعة عقائدية دينية) بمراجعة أساسها الديني؛ لأن هذا أمر يخص الجماعات الأكثر عقائدية، مثل الجماعات التكفيرية أو التنظيمات العنيفة فكراً وممارسة مثل الجهاد والجماعة الإسلامية، أما الإخوان فمعضلتها بالأساس في المجال القانوني والسياسي، لأنها تنتمي لنوع خاص من الجماعات

يمكـن وصفـه بالجماعـات المراوغـة والمخادعـة أو الرماديـة فهـي تحتـاج إلى إدارة سياسـية جراحيـة تحـدد مناطـق الخطـر التـي تتمثـل أساسـاً في بنيـة التنظيـم الدينـي الـذي اختـار دون غيـره مـن الجماعـات الدينيـة السـلمية أن يغـادر المجـال الدينـي ويدخـل في السياسـة.

- مـن المهـم الإشـارة إلى أن تنظيـم الإخـوان لم يقـم منـذ تأسيسـه وحتـى الآن بـأي مراجعـة فكريـة أو تنظيميـة؛ فقـد ظلـت الجماعـة عـلى حالهـا تعتـبر أنهـا ضحيـة النظـم القائمـة، رغـم أنهـا استخدمت العنـف في مواجهـة النظـم القائمـة في مصر، ملكيـة وجمهوريـة، ولم تسـتفد مـن نشـاطها السـياسي وابتعادهـا عـن العنـف طـوال عهـد مبـارك في تقديـم مراجعـة جراحيـة أو تأسـيس ثانٍ لهـا، تفصـل فيـه الجماعـة الدينيـة عـن الحـزب السـياسي، وهـو مـا لم يحـدث؛ لأن الإخـوان وصلـوا للسـلطة كجماعـة دينيـة لهـا ذراع سياسـية وليسـت حزبـاً مدنيـاً منفصلاً كليـاً عـن الجماعـة الدينيـة، كـما أنهـم وضعـوا بشـكل منفـرد القواعـد الدسـتورية والقانونيـة بعـد سـيطرتهم عـلى أغلبيـة البرلمـان في 2011 ووصولهـم للرئاسـة في عـام 2012.

- "العزلـة الشـعورية" هـذا التعبـير، الـذي اسـتخدمه سـيد قطـب لمطالبـة عضـو الإخـوان بـأن يعـزل شـعوره عـن المجتمـع المحيـط بـه، ظـل أحـد أسـباب بنـاء تنظيـم إخـواني قـوي، ولكنـه في الوقـت نفسـه ظـل أحـد أسـباب الانفصـال الشـعوري عـن المجتمـع.

- إن التنظيـم المغلـق الـذي لا يسـمح لأي مواطـن بـأن ينضـم إليـه إلا بعـد سـنوات طويلـة مـن التربيـة العقائديـة والمعايـير الدينيـة، حتـى يُسـمح فيهـا لـ"الأخ" الجديـد بالانتقـال مـن "أخ محـب أو مسـاعد" إلى "أخ عامـل" داخـل الجماعـة - إن هـذا التنظيـم جعـل الجماعـة في عزلـة عـن قطـاع غالـب مـن المصريـين ارتابـوا في طريقـة عملهـا، وفي بنيتهـا التنظيميـة، واعتبروا أنهـا لا تـرى إلا مصلحتهـا ومصلحة أعضائهـا وليـس لهـا علاقـة بمصالـح الشـعب المـصري، وهـو حاجـز عمقـه الإخـوان كل يـوم وهـم متصـورون أنهـم جماعـة ربانيـة لابـد أن تكـون عـلى حـق، والجميـع عـلى باطـل.

- سـتبقى الجماعـة منغلقـة عـلى ذاتهـا وسـيبقى شـعور قطـاع واسـع مـن المصريـين بالغربـة تجاه الجماعـة مؤكـد؛ بمـا يعنـي عـدم قدرتهـا عـلى إقامـة أي تحالفـات جديـدة مـن خـارج الجماعـة والتيـارات التـي تحالفـت معهـا منـذ 2013.

- مـن المهـم التأكيـد أن الإطار المسـتقبلي الـذي يجـب أن يحكـم مسـار العمليـة السياسـية في مصر أو أي بلـد عـربي يرغـب في تأسـيس دولـة قانـون مدنيـة هـو عـدم السـماح بعـودة أي جماعـة دينيـة مهـما كان اسـمها لممارسـة عمـل سـياسي وحـزبي وعـدم تكـرار تجربـة الرئيـس السـادات في إعطـاء مسـاحة سياسـية للإخـوان بـشروط الجماعـة الدينيـة وليـس الحـزب السـياسي المـدني.

**أخـيراً** وعـلى ضـوء التغـيرات التـي شـهدتها المنطقـة العربيـة والسـاحة المصريـة يمكـن القـول إن جماعـة الإخـوان المسـلمين ليـس أمامهـا خيـارات واسـعة، وإنـه مـن غـير الـوارد حاليـاً أن تصـل إلى نتيجـة تعتـبر أن أزمتهـا في الصيغـة التـي ظلـت تعتبرهـا مصـدر قوتهـا، وهـو التنظيـم أو الجماعـة الدينيـة، وفي هـذا الإطـار يمكـن الإشـارة إلى مجموعـة مـن السـيناريوهات بشـأن مسـتقبل الجماعـة.

## السيناريو الأول:

يتضمـن هـذا السـيناريو تغـيراً في الشـكل والاحتفـاظ بنفـس المضمـون، وهنـا سـنجد أن الجماعـة قـد تغـير اسـمها في أكـثر مـن بلـد عـربي ولكنهـا لـن تقدم عـلى مراجعـة جذريـة لتوجهاتهـا، سـواء التنظيميـة أو الدينيـة أو السياسـية، وبخاصـة في مـصر، وسـتظل أسـيرة خطـاب انتقامـي يحمِّـل مسـؤولية الفشـل للآخريـن، سـواء كان النظـام السـياسي أو مؤيديـه أو حتـى معارضيـه ممـن يختلفـون معهـم.

## السيناريو الثاني:

يتضمـن هـذا السـيناريو تعميـق التفتـت والضعـف التنظيمـي، وهـو أمـر سـيكون جديـداً عـلى الجماعـة التـي عرفـت انشـقاقات، ولكنهـا ظلـت قـادرة عـلى الاحتفـاظ بأغلـب أعضائهـا داخـل بنيتهـا التنظيميـة، وهنـا مـن الراجـح أن تتحـرك الجماعـة في الفـترة القادمـة باعتبارهـا أكـثر مـن تنظيـم وسـيوحدها فقـط العـداء للنظـام المـصري، وسـيظل إخـوان الخـارج يلعبـون دوراً كبـيراً في تشـكيل خطـاب الجماعـة الدعـائي والسـياسي.

## السيناريو الثالث:

في ضـوء عـدم وجـود إمكانيـة، تحـت أي ظـرف، لحـدوث مصالحـة أو صفقـة بـين النظـام السـياسي الحـالي في مـصر وبـين جماعـة الإخـوان المسـلمين، يصبـح المطلـوب مـن الجماعـة امتـلاك نظـرة مسـتقبلية لمـا يمكـن أن يكـون عليـه الحـال في مرحلـة مـا بعـد انتهـاء مـدة الرئاسـة الأخـيرة

للرئيس السيسي في عام 2030 وفق الدستور المصري. ووفق الدستور والقانون في مصر ليس من حق الجماعة الدينية أن تعمل في السياسة أو أن يكون لها ذراع سياسية، وبالتالي من غير المتوقع أن تعود جماعة الإخوان المسلمين بنفس الاسم والمضمون في المستقبل المتوسط في حين أن المطلوب هو التأكيد على القواعد الدستورية والقانونية التي لا تسمح لأي جماعة دينية أن تعمل في السياسة.

# الهوامش


1. حسن البنا، مجموعة رسائل الإمام حسن البنا، (القاهرة، دار التوزيع الإسلامية، 1992) ص 146.

2. المصدر السابق، ص 147.

3. المصدر السابق ص 168.

4. مجلة الدعوة، 25 يونيو 1978، ص 3.

5. انظر أعمال حلقة نقاشية، بعنوان: «الأقباط والصعود السياسي للإخوان»، مركز سواسية لحقوق الإنسان ومناهضة التمييز، القاهرة، 2006، ص ص 114-116.

6. المرجع السابق، ص 119.

7. انتقادات حادة لمسودة برنامج حزب الإخوان بمصر، الجزيرة نت، 24 سبتمبر 2007، متاح عبر الرابط التالي: https://bit.ly/3xG11BZ

8. حسن البنا، مذكرات الدعوة والداعية (القاهرة، دار التوزيع والنشر الإسلامية، 1986) ص163.

9. ضياء رشوان (محرر)، دليل الحركات الإسلامية في العالم، (القاهرة: مركز الدراسات السياسية والاستراتيجية، 2005 )، ص35.

10. سيد قطب، مقومات التصور الإسلامي، ص 15.

11. المصدر السابق، ص31.

12. المصدر السابق.

13. محمد عبد الحكم دياب، الخطاب القطبي، دار الثقافة الجديدة، القاهرة، ص 148.

14. حسن البنا، مذكرات الدعوة والداعية، مرجع سابق. ص ص 220-221.

15. تم توثيق هذا التمييز بين الأعضاء العاملين والمحبين للإخوان، من الخبرة الشخصية لكاتب هذه السطور مع بعض أعضاء حملته الانتخابية في انتخابات 2011 في مواجهة أحد قيادات جماعة الإخوان المسلمين، حيث أكد كثيرون ممن صوتوا لمرشح الجماعة أنهم محبون للإخوان وأن ذهابهم للتصويت لصالح مرشحها هو جهاد في سبيل الله، وعدم كتمان للشهادة.

16. عمـرو الشـوبكي، الجماعـة في مواجهـة الجميـع، المـصري اليـوم 2013/4/24، متـاح عبر الرابط:
https://www.almasryalyoum.com/news/details/196447

17. عمـرو الشـوبكي، « الدولـة والجماعـة»، المـصري اليـوم، 2013/2/29، متـاح عـبر الرابـط التـالي:
http://goo.gl/dpFz5g

18. أحمـد زغلـول شـلاطة، الإسـلاميون في السـلطة.. تجربـة الإخـوان المسـلمين في مـصر، مركـز
دراسـات الوحـدة العربيـة، ص 84.

19. عمرو الشـوبكي، «الطريـق لفشـل الإخـوان»، المـصري اليـوم، 2012/11/28، متـاح عـبر الرابـط:
http://goo.gl/20jVvz

20. تسلسـل زمنـي لقضيـة «مجـزرة بورسـعيد»، بي بي سي عـربي، 20 فبرايـر 2017، متـاح عـبر الرابـط:
https://www.bbc.com/arabic/sports-39028015

21. أحمد زغلول شلاطة، مصدر سابق ص 84.

22. Amr Elshobaki, The End of Muslim Brotherhood Rule in Egypt, Carnegie,
AUGUST 01, 2013, available at: https://carnegie-mec.org/201301/08//end-of-
muslim-brotherhood-rule-in-egypt-pub-52757

23. رسائل الإمام حسن البنا، مصدر سبق ذكره، ص 136.

24. المصدر السابق، ص 134.

25. في الذكـرى الـ 6 لتوليـه منصـب مرشـد «الجماعـة».. «محمـد بديـع» المرشـد الـذي أسـقط
الجماعـة.. أعلـن عـدم مشـاركة الإخـوان في 25 ينايـر.. تمنـى الجلـوس مـع «مبـارك».. ووصـف
عـزل مـرسي بـ «هـدم الكعبـة». أنظـر، صحيفـة صـوت الأمـة، 16 ينايـر 2016، متـاح عـبر الرابط:
https://bit.ly/2TOpmXy

26. صفـوت حجـازي يدعـو لمليونيـة في «شرم» للمطالبـة بإقالـة الجمـل، وسـجن مبـارك، 5 إبريـل
2011، بوابـة الأهـرام، متـاح عـبر الرابـط: https://gate.ahram.org.eg/News/57469.aspx

27. البرلمـان يعقـد جلسـة استثنائية لمناقشـة عـزل الفلـول، المـصري اليـوم 2011/4/10، متـاح عـبر
الرابـط: https://www.almasryalyoum.com/news/details/171269

28. مداخلـة الدكتـور عمـرو الشـوبكي في الجلسـة العامـة لبرلمـان عـام 2012 بتاريـخ 2012-4-11 والتـي رفـض فيهـا المحاكـمات الثوريـة.

29. رئيـس حـزب «الحريـة والعدالـة»: مـن يريـد تأجيـل الانتخابـات هـم أتبـاع إسرائيـل وأمريـكا، المـصري اليـوم، 5 يوليـو 2011، متـاح عـبر: /https://www.almasryalyoum.com/news details/1818477

30. مؤكداً أن مكانه الطبيعـي هـو السـجن.. لا يجـب أبـداً أن يدعـي حمايتـه للثـورة، محمـد مرسي: (صناديـق عمـر سـليمان السـوداء) لا تسـتحق الـرد أو التعليـق، الـشروق، 13 إبريـل 2012، متـاح عـبر: https://bit.ly/3CdNTa6

31. د. جبريـل العبيـدي، تنظيـم الإخـوان الليبـي وإعـادة التموضـع، الـشرق الأوسـط، 4 مايـو 2021، متـاح عـبر الرابـط التـالي: https://bit.ly/3frKISl

32. ردود فعـل متباينـة حـول الاسـتراتيجية الجديـدة للمكتـب العـام للإخـوان بمـصر، الجزيـرة نت، 2 يوليـو 2019، متاح عـبر الرابـط التـالي: https://bit.ly/2VgGHsY

33. «الإخـوان المسـلمون» مـن الداخـل.. حـوار مـع حـازم قنديـل، الجزيـرة نـت، 14 مـارس 2017، متـاح عـبر الرابـط: https://bit.ly/3igaRVY

34. المصدر السابق، ويمكن أيضاً النظر إلى كتابه:
Hazem Kandil, Inside The Brotherhood, Polity 2015

35. ردود فعـل متباينـة حـول الاسـتراتيجية الجديـدة للمكتـب العـام للإخـوان بمـصر، الجزيـرة نت، 2 يوليـو 2019، متاح عـبر الرابـط التـالي: https://bit.ly/3rNXTSz

36. عـزت: الإخـوان سـتظل تناضـل سـلمياً حتـى تتحقـق أهـداف الثـورة كاملـة، الـشرق، 2 إبريـل 2016، متـاح عـبر الرابـط: https://bit.ly/3xfd2NO

37. محمـد حمامـة، تنظيـم بـلا اسـم: طريـق مجموعـة المبتدئـين لاغتيـال النائـب العـام، موقـع مدى مـصر، 26 يوليو 2017، عـلى الرابـط: https://bit.ly/3rAaxEn

38. المصدر السابق.

39. المصدر السابق.

40. المصدر السابق.

41. عمرو الشـوبكي، إرهـاب حسـم، المـصري اليـوم، 18 ينايـر 2017، متـاح عـبر الرابـط: //https
www.almasryalyoum.com/news/details/1074659

42. الإخـوان يدينـون الاعتـداءات المتكـررة عـلى حريـات المصريـين، بوابة الحرية والعدالـة، 27 يونيو
2020، متـاح عبر الرابـط: https://bit.ly/3lp5RAd/

43. حول الإعلان الدستوري، موقع فرانس 24، متاح عبر الرابط: https://bit.ly/3rToxcO

44. عمـرو الشـوبكي، وسـقط البشـير، 14 إبريـل 2019 المـصري اليـوم، متـاح عـبر الرابـط: //https
www.almasryalyoum.com/news/details/1387865

45. رايتـس ووتـش تدعـو مـصر لتخفيـف أحكام الإعـدام الصـادرة بحـق 12 عنـصراً مـن الإخـوان
المسـلمين، يورونيـوز، 19 يونيـو 2021، متـاح عـبر الرابـط: .https://arabic.euronews
rights-watch-calls-egypt-commute-death-sentences-12-/19/06/com/2021
members-muslim-brotherhood

46. كيـف تـرون رد مـصر عـلى الإدانـات الغربيـة لاعتقـال ناشـطين لحقـوق الإنسـان؟، بي بي سي،
2020/11/22 متـاح عـبر الرابـط: https://www.bbc.com/arabic/interactivity-55036281

# نبذة عن المؤلف
## الدكتور عمرو الشوبكي

حاصـل عـلى بكالوريـوس العلوم السياسـية مـن جامعـة القاهـرة (1984)، وماجسـتير العلوم السياسية مـن معهـد الدراسـات السياسـية بمدينـة إكـس أون بروفانـس في فرنسـا (1993) ودكتـوراه في العلـوم السياسـية مـن جامعـة باريـس 1 السـوربون فرنسـا (2001).

والدكتـور الشـوبكي باحـث متخصـص في مجـال النظـم السياسـية وحـركات الإسـلام السـياسي ومحاربـة التطـرف، وهـو خبـير أيضـاً في السياسـة التركيـة وقضايـا الإسـلام الأوروبي والعلاقـات العربيـة الأوروبيـة.

كـما صـدر لـه العديـد مـن الكتـب والأبحـاث باللغـات العربيـة والفرنسـية والإنجليزيـة حـول قضايـا الإصـلاح السـياسي؛ ومنهـا: كتـاب الإخـوان المسـلمين من الجـذور إلى اليـوم الصـادر بالفرنسـية في 2009؛ وكتـاب أزمـة الإخـوان المسـلمين الصـادر عن مركز الأهـرام للدراسـات السياسـية والاسـتراتيجية بالأهـرام؛ وكتـاب تحـولات جماعـات التطـرف العنيـف في مـارس 2018 بالإنجليزيـة عن شـبكة «اليورميسـكو».

كـما أنـه نائـب سـابق (مسـتقل) في البرلمـان المصـري 2011 و2015 (بحكم أعلى سـلطة قضائيـة في مصر وهـي محكمـة النقـض)، وكان عضـواً في لجنـة الخمسـين لكتابـة الدسـتور المصـري (2014)، وعضـواً في المجلـس التنفيـذي (2005-2011) لشـبكة الأبحـاث المتوسـطية «اليورميسـكو»، التـي تضـم 106 مراكـز للفكـر والأبحـاث.

والدكتـور عمـرو الشـوبكي كاتـب في صحيفـة المصـري اليـوم، ولـه أيضـا مقـالات منشـورة في صحـف: الأهـرام، والحيـاة، والـشرق الأوسـط، والخليـج، والبيـان الإماراتيـة، وصحيفتـي لـو فيجـارو، ولـو بـوان الفرنسـيتين، وأجريـت معـه مئـات المقابـلات في صحـف عربيـة وأجنبيـة، كما شـارك في مئـات المؤتمرات الدوليـة في العديـد مـن البلـدان العربيـة والأوروبيـة والولايـات المتحـدة.